BREVE HISTÓRIA BEM-HUMORADA DO
BRASIL

RICARDO MIOTO

BREVE HISTÓRIA BEM-HUMORADA DO BRASIL

1ª edição

EDITORA RECORD
RIO DE JANEIRO • SÃO PAULO
2019

CIP-BRASIL. CATALOGAÇÃO NA PUBLICAÇÃO
SINDICATO NACIONAL DOS EDITORES DE LIVROS, RJ

M631b Mioto, Ricardo
Breve história bem-humorada do Brasil: a jornada extraordinária de um país atrasado do século 16 para se tornar um país atrasado do século 21/Ricardo Mioto. – 1ª ed. – Rio de Janeiro: Record, 2019.

ISBN: 978-85-01-11599-7

1. Brasil – História – Humor, sátira, etc. 2. Humorismo brasileiro. I. Título.

CDD: 981
CDU: 94(81)

18-54266

Vanessa Mafra Xavier Salgado – Bibliotecária – CRB-7/6644

Copyright © Ricardo Mioto, 2019

Todos os direitos reservados. Proibida a reprodução, armazenamento ou transmissão de partes deste livro, através de quaisquer meios, sem prévia autorização por escrito.

Texto revisado segundo o novo Acordo Ortográfico da Língua Portuguesa.

Direitos exclusivos desta edição reservados pela
EDITORA RECORD LTDA.
Rua Argentina, 171 – Rio de Janeiro, RJ – 20921-380 – Tel.: (21) 2585-2000.

Impresso no Brasil

ISBN 978-85-01-11599-7

EDITORA AFILIADA

Seja um leitor preferencial Record.
Cadastre-se em www.record.com.br
e receba informações sobre nossos lançamentos e nossas promoções.

Atendimento e venda direta ao leitor:
mdireto@record.com.br ou (21) 2585-2002.

Sumário

Introdução   7

Colônia   11

  Nos tempos de Araci   11
  Se liberta, Pero Vaz!   17
  Poti e a "indiada nua"   22
  Elogio ao cafuné   33
  O Photoshop dos bandeirantes   39
  O ouro acabou, mas temos viúvas   44

Império   55

  Corra que Napoleão vem aí   55
  O rei que desenhava pintos   66
  Enfim, Brasil   76
  Espinhas na cara, coroa na cabeça   85
  Leopoldinho dá uma força   90
  Chico Diabo e os badernistas   93
  Do Leblon a Cucuí   97
  Uma viúva derruba a monarquia   103

República   115

    Um republicano desejo de matar   115
    O Brasil vira um filme de Tarantino   129
    Um corpinho nos dá Getúlio   140
    Estão chegando os comunistas   149
    Não achando o inimigo, prendem o vinho   162
    Ai, Gegê, que saudade de você   173
    Pinto pequeno, caspa e uma vaca fardada   181
    Cebolinha e o Cubismo   198
    Quem sofre é a mãe   208
    Poderia ter dado certo   223

Agradecimentos   235

Introdução

Para que não digam que me faltou classe literária, começo logo citando um pequeno conto escrito (à mão!) por Fernando Pessoa:

> Temos ouvido muitas histórias tristes a respeito de crianças, mas nenhuma tão dolorosa quanto a que aconteceu ao grande filantropo inglês Neverwas, amigo dedicado dos pequeninos.
> Passeava ele uma vez à noitinha numa estrada quando viu, ao pé de uma árvore, uma criança agachada, parecendo escondida ou querendo esconder-se. Avançou para ela.
> — Quem és tu? — perguntou. — Como te chamas, pequenino?
> — José — respondeu a criança, que parecia atrapalhada.
> — Tens pai, Josezinho?
> — Não.
> — E mãe?
> — Também não.
> — Então com quem vives?
> — Com uma tia minha.
> O filantropo adivinhou a história; uma tia má.
> — E a tua tia trata-te bem.
> — Às vezes.
> — Bate-te?
> — Às vezes.
> — Ah, fugiste?

— Não, senhor.
— Então o que fazes aqui?
— Estou cagando.

É Pessoa, sério: está no livro *Pessoa inédito*, organizado em Portugal por Teresa Rita Lopes. Se um Fernando Pessoa pode se permitir rir, é de se perguntar por que tanta gente que nem é Fernando Pessoa é tão sisuda o tempo todo.

Depois da torta holandesa e do sexo, história e humor certamente estão entre as melhores coisas da vida. Sem conhecimento nem competência para abrir uma confeitaria erótica, o que me restou foi tentar este livro.

A fronteira entre o humor e a tragédia é curta — Mel Brooks disse que "tragédia é quando eu quebro a unha; comédia é quando você cai no bueiro e morre". O desenvolvimento brasileiro, imperfeito e atrapalhado, um tanto trágico, é assim um prato cheio para a piada. Uma pena que sejamos com tanta frequência submetidos a versões tão insossas da nossa história.

Acho muito despropositada a noção de que aprender precisa ser um esforço doloroso. É como dizer para uma criança que ela deve comer fruta, mesmo não gostando, porque "vai ser bom para você". Não! Tem que comer porque descobriu que é bom, senão não dá certo. A história do Brasil, se contada direito, pode ser tão gostosa quanto se lambuzar com caqui enquanto se assiste a um filme numa tarde de domingo, talvez limpando discretamente a mão melecada no sofá, neste caso de preferência na casa dos outros. (Não é uma confissão.)

É importante ressaltar que esta obra toma algumas liberdades. Ela busca ser historicamente correta, mas às vezes a gente não quer perder a piada... (Lamento informar, por exemplo, que não procede que a Revolta de 1932 tenha se dado em função da angústia popular com o anúncio de um novo CD do Jorge Vercillo.)

INTRODUÇÃO

É importante reforçar que esta não é uma obra acadêmica — é, aliás, uma obra de humor. Não tenho pretensão alguma de dar qualquer colaboração original para a historiografia nem para coisa alguma — minha maior colaboração para a humanidade até aqui, aliás, foi a vez que botei "Evidências" no karaokê e a galera até então apática se empolgou no "e nessa loucuuura de dizer que não te quero...".

A questão é que toda vez que um jornalista escreve sobre história aparece algum tarado com palpitações sexuais secretas pelo Boris Fausto botando defeito e apontando imprecisões menores aqui e ali. A estes, cito o grande pacifista Mahatma Gandhi: vai encher o saco da tua mãe, repolhudo chato.

Colônia

NOS TEMPOS DE ARACI

O famoso historiador britânico Eric Hobsbawm escreveu livros chamados *A era dos impérios*, *A era das revoluções*, *A era dos extremos*.

Tivesse o príncipe nascido em São Miguel Paulista, zona leste de São Paulo, tomaria cachaça Pitu em vez de chazinho da tarde, trocaria tiro com a PM de vez em quando e seus livros seriam sobre história do Brasil: o primeiro poderia se chamar a *A era dos índios*.

Não, o Brasil não começou com Pedro Álvares Cabral, e se você tem o apreciável hábito de tomar banho de vez em quando deveria ter em mente tudo que devemos aos índios que habitam estas terras ensolaradas.

Antigamente a gente chamava esse período de "pré-história" do Brasil, mas era meio desagradável dizer isso para os índios, porque estávamos insinuando que eles não tinham história. Depois deles, aí sim, vieram o José Sarney, a tomada de três pinos e a dança do ralando na boquinha da garrafa, o que finalmente nos alçou à civilização, mas isso é assunto para mais adiante.

Os historiadores chamam esse desprezo pela vida dos índios no pensamento historiográfico de eurocentrismo, ou "a centralidade da Europa" — pesquisadores gostam de palavras terminadas em centrismo, como antropocentrismo (centralidade do ser humano), teocentrismo (centralidade de Deus) e falocentrismo (centralidade da piroca, pois é).

Ninguém sabe quando os índios chegaram ao Brasil. Eles não tinham o hábito de ler e escrever, o que os poupava de ler comentários políticos no Facebook, mas também dificulta o estudo sobre as suas vidas.

O que se estima é que, quando Cabral chegou, havia mais ou menos uns 2 milhões de índios dando bobeira por aí, mais do que a população atual de Porto Alegre e com a vantagem de que ninguém tentava convencer você a botar a boca numa bomba babada de chimarrão.

Em comparação, Portugal, na mesma época, tinha pouco mais do que 1 milhão de habitantes.

O que esses 2 milhões de índios faziam o dia inteiro?

Eles domesticaram a mandioca, como lembrou a poeta concretista búlgaro-mineira Dilma Rousseff, que em 2015, em uma cerimônia em homenagem aos povos indígenas, disse estar "saudando a mandioca, uma das maiores conquistas do Brasil". Ufanismo: eles põem o homem na Lua, mas a gente planta uma mandioca que você precisa ver.

Além da mandioca, os índios plantavam batata-doce (sem fins de maromba), milho e abóbora. Ah, sim, eles criaram a peteca. A peteca. É.

Outra invenção dos índios foi a "farinha de pau", cuja matéria-prima, apesar de se chamar assim, é a onipresente mandioca. Trata-se da boa e velha farinha "comum, branca e fina", segundo um site especializado. Como se pode ver, quem deu o nome não era exatamente especialista em *branding* ou posicionamento de marca.

Eles também gostavam bastante de caju, planta originária do Nordeste do Brasil que em inglês virou "cashew" — sério, não é uma graça? Só isso já valeu toda a história pré-cabralina. No século 20, lamentavelmente, surgiria o suco Maguary de caju, espécie de urina concentrada do Satanás que viria a aterrorizar toda uma geração de crianças brasileiras de classe média baixa cujas mães não tinham dinheiro para comprar bebida melhor e achavam que sucos industrializados eram saudáveis, ideia infeliz que levou muitos anos para desaparecer neste país. Mas os índios não têm culpa sobre o que vieram a fazer com o seu bom e velho cashew. (Este livro não conta com o apoio das Indústrias Maguary, como se pode perceber.)

Bom, sobre os índios, a grande pergunta é como esse povo chegou ao Brasil, uma vez que o Brasil, como se sabe, é longe pra cacete.

A espécie humana surgiu na África. Foi se expandindo pela Europa e pela Ásia. A hipótese mais tradicional é que o povoamento da América teria sido feito por gente que veio do norte da Ásia, atravessando o famoso estreito de Bering, que liga a Rússia ao Alasca. Hoje há ali um oceano, mas há uns 20 mil anos estava tudo congelado, por conta da última Era do Gelo, ocasião em que ocorreram as gravações do famoso desenho animado.

Quem foi a mente privilegiada que disse "galera, pode me seguir que o caminho é por aqui, vem que não tem erro", qual técnica de retórica utilizou para convencer os outros e em que parte do caminho arrancaram a sua cabeça e pregaram numa estaca são três questões em aberto. Entre a Rússia e o Alasca, como você deve imaginar, faz um puta frio, além de que, em se tratando apenas de um oceano congelado, não era um lugar exatamente cheio de comida.

O estreito de Bering não é tão grande, de qualquer forma. São 82 quilômetros entre a Ásia e a América do Norte. Para ajudar, há duas ilhas no meio, uma que hoje pertence à Rússia e outra que é dos Estados Unidos, e a distância entre elas é de apenas 4,3 quilômetros. Em 1987, com a Guerra Fria chegando ao fim, uma americana desocupada chamada Lynne Cox foi a nado de uma ilha até a outra, com a água a 3,3 °C, tendo sido posteriormente cumprimentada tanto pelo presidente dos Estados Unidos, Ronald Reagan, quanto pelo líder da União Soviética, Mikhail Gorbachev, por sua imensa falta do que fazer. "A água era como um imenso vampiro roubando calor do meu corpo. Eu olhei para os meus dedos e eles estavam completamente cinza, como as mãos de um cadáver", disse ela anos depois para a BBC, com um tom orgulhoso, para você ver como seres humanos são estranhos.

De vez em quando o estreito volta a ficar meio congelado. Em 2006, dois idiotas, o britânico Karl Bushby e o franco-americano Dimitri Kieffer, aproveitando-se das aprazíveis temperaturas de –30° C, resolveram cruzar os 82 quilômetros a pé, andando por catorze dias sobre placas de gelo deslizantes, fechando a aventura com chave de ouro ao serem presos logo após chegarem à Rússia por, rá!, terem entrado no país ilegalmente — a mula tem disposição para atravessar 82 quilômetros de gelo a pé, mas fica com preguiça de ir ao consulado pedir um visto.

Tudo isso, portanto, de forma a demonstrar que dá para atravessar essa porcaria, é só desejar, e por algum motivo os ancestrais dos nossos índios parecem ter desejado.

Há imensa discussão sobre quantas travessias foram feitas. Há quem proponha que foram várias, por diferentes grupos. Este não é um livro de arqueologia, de modo que não vamos entrar em detalhes sobre isso, mas há algumas evidências de que essa região entre a Rússia e o Alasca tinha um certo trânsito. Não que tivesse caminhoneiro alucinado dirigindo há 47 horas seguidas na base do rebite e posto Graal na beira da estrada vendendo coxinha velha a 40 reais, mas pode ser que de vez em quando passasse alguém. Ou pode ser que tenha havido outros caminhos, inclusive pelo oceano Pacífico. Ninguém sabe direito.

A ocupação do continente também foi muito gradual, durante milhares de anos e diversas gerações. Há quem fale em 3 mil anos entre a entrada nas Américas pelo norte e a chegada ao extremo sul do continente, na Patagônia. Mas, se você olhar bem, os índios brasileiros têm mesmo algo de asiático ("de japonês", como dizemos vulgarmente), e estudos genéticos têm confirmado essa hipótese. Infelizmente, eles não trouxeram o sushi, o judô nem a privada aquecida, e só quem já cagou em Curitiba no inverno sabe o quanto isso nos fez falta.

É importante dizer que obviamente os índios do Brasil não eram um grupo único, nem na língua nem em nada, e inclusive às vezes se pegavam de porrada.

Como em quase todos os povos, havia mitologias quanto ao surgimento dos seres humanos. Para os guaranis, o criador se chamava Iamandu, o que nos permitiu a existência do famoso violonista Yamandu Costa, que tem uma versão muito bonita de "Carinhoso" ("e os meus olhos ficam sorrindo, e pelas ruas vão te seguindo..."), o que de qualquer modo não devia ser bem o que os guaranis tinham em mente quando inventaram esse troço.

Iamandu, também conhecido como Tupã, com a ajuda da deusa Jaci, ou Araci (os deuses guaranis têm nomes de elenco de *Sai de baixo*...), teria criado a Terra a partir de uma região sagrada que provavelmente ficava... no Paraguai. O primeiro povo que Tupã criou foi os próprios guaranis, naturalmente.

Parece ridículo, mas a narrativa é idêntica às oferecidas por quase todas as outras religiões, inclusive o cristianismo. E, se não o Paraguai, por que Jerusalém? (Milênios depois, o Paraguai continua sendo uma terra de experiências sacrossantas, tendo a transcendental travessia da fronteira com carga de cigarro contrabandeado e pelúcia da Peppa Pig como o seu equivalente espiritual do caminho de Santiago de Compostela.)

A gente tem essa ideia um pouco idealizada sobre os índios — amigos da natureza e o escambau, que ficavam lá ouvindo Natiruts o dia inteiro. Não era tão romântico assim. Os índios provavelmente não foram grandes devastadores menos por ideologia e mais por falta de meios de causar impactos ambientais permanentes em larga escala. Além disso, o fato é que se vivia muito pouco. A expectativa de vida não era muito maior do que 30 anos. É importante ter em mente que isso é a média, puxada para baixo pela grande quantidade de mortes na infância, o que significa que de vez em quando alguém chegava aos 50 ou até 60 anos, mas também que muita mãe indígena já chorou a morte de um filho pequeno.

Também em defesa dos índios, justiça seja feita, a expectativa de vida no Império Romano também não era alta. Já em 1900 (1900!), aliás, a expectativa de vida global era de 31 anos, segundo a Organização Mundial da Saúde. É coisa muito recente esse negócio de velho de 90 anos nutrido a Viagra, horrorizando as senhorinhas por aí que só querem, finalmente, um pouco de paz nesta vida.

Por fim, vale pensar que, aos 25 anos, os rapazes de antigamente eram homens feitos, pais de família, veteranos de guerras, tomadores de decisão, enquanto hoje o maior desafio que enfrentam é ligarem chorando para a mãe por não lembrarem onde deixaram aquele pendrive cheio de músicas da Shakira que iam levar para ouvir no carro na viagem para a praia.

A vida do coitado do índio também tendia a ser muito restrita àquilo que a tribo havia planejado para ele desde o nascimento. Não tinha isso de índio ir encontrar o verdadeiro eu se mudando para São Paulo para estudar teatro com o Zé Celso Martinez, morar no Copan e fumar maconha escutando Caetano. A vida indígena era (e é) cheia de rituais de passagem predefinidos, sem muita flexibilidade para quem simplesmente não estivesse muito a fim de se pintar ou de furar o beiço.

Parece que tinham uma sexualidade mais livre do que a dos europeus, sem dar muita bola para a virgindade, com maior aceitação de atos homossexuais ou do sexo não monogâmico.

Basicamente, portanto, o que Oswald de Andrade queria dizer naquele seu famoso poema "Erro de português" ("Quando o português chegou/ Debaixo duma bruta chuva/ Vestiu o índio/ Que pena!/ Fosse uma manhã de sol/ O índio tinha despido/ O português") era, segundo a melhor análise literária: "Se não fossem os portugueses, a gente transava mais." O que dizer de um povo colonizador cujo auge da sexualidade se deu na construção poética "arrebita, arrebita, arrebita"?

SE LIBERTA, PERO VAZ!

Em 22 de abril de 1500, Pedro Álvares Cabral, que saiu de Portugal tentando chegar à atual Índia, refazendo o caminho anteriormente percorrido por Vasco da Gama, acabou dando em... Porto Seguro, o que demonstra que ele possivelmente estava mais fora de si do que os adolescentes de classe média que séculos depois experimentariam os primeiros porres no mesmo local por ocasião da conclusão do ensino médio.

Uma pergunta comum em vestibulares é esta: por que, afinal, os caras se meteram nas grandes navegações?

Além da busca por comércio ou metais preciosos, o grande historiador Boris Fausto cita como uma das razões o gosto pela aventura:

"Cristóvão Colombo [que havia descoberto a América oito anos antes da viagem de Cabral] esperava encontrar homens de um só olho. [...] Ele falou também sobre encontrar pessoas que nasciam com rabo." Isso sem falar na vez, está nos livros, em que ele "viu três sereias pularem para fora do mar, mas achou que elas eram feias". E ainda falam do pessoal que frequenta rave...

Na descoberta do Brasil, junto a Cabral estava uma figura peculiar chamada Diogo Dias, reconhecido marinheiro, fanfarrão de reputação internacional, dado a mandar foto do negão do WhatsApp no grupo da turma de 1471 da Escola de Navegação. Logo após darem no Brasil, Diogo já foi se meter com as índias, mostrando que não tem mais bobo na navegação intercontinental.

Na famosa carta que mandou para o rei, Pero Vaz de Caminha descreve Diogo (é sério) como "homem gracioso e de prazer" e que logo já estava dançando na praia de Porto Seguro com os índios, ao jeito deles e ao som de uma gaita.

De modo que tiramos daí uma série de questões:

1) Que tipo de português do século 15, Inquisição rolando solta, chama outro macho de "homem gracioso e de prazer"?
2) Que tipo de pessoa corajosa escreve isso numa carta oficial, direcionada a ninguém menos que o rei?
3) Quantas vezes o querido leitor foi chamado, por quem quer que seja, de "homem gracioso e de prazer"?
4) Estaria Pero Vaz admirado ou com ciúmes do *approach* de Diogo aos índios e índias?
5) Por que falamos tanto nesses insuportáveis Pedro Álvares Cabral e Pero Vaz e tão pouco em Diogo Dias, inventor do flerte, pai do carnaval, forrozeiro, axezeiro e chicleteiro?
6) Por fim, mas igualmente importante, onde foi que esses índios arranjaram uma gaita?

A única resposta que Pero Vaz dá é para a última pergunta: em determinado ponto da carta, ele explica que Diogo, sempre ele, mandou buscar um gaiteiro português...

O mais incrível é que esse sujeito, Diogão (Dioguinho?), não contente em tocar o terror na Bahia, depois foi se meter a navegar pela África, deu um perdido na expedição de que participava, se afastou das outras caravelas e acabou descobrindo a ilha que hoje conhecemos como Madagascar, sendo conhecido por lá como o pai do "eu me remexo muito" ("I like to move it, move it", na versão americana do hino de Madagascar).

Para encerrar a carreira, se perdeu (para variar...) numa tormenta e acabou, completamente sem querer, sendo o primeiro português a navegar no mar Vermelho, região hoje ocupada por países bem amigáveis e liberais onde a curtição rola solta, como Arábia Saudita, Iêmen e Sudão. Deu ainda um jeito de voltar para Portugal, aonde chegou sem um puto no bolso e acompanhado de mais cinco desgraçados, com quem combinou a história que contariam para as mulheres.

Que homem.

Era ainda irmão de Bartolomeu Dias, primeiro europeu a navegar além do extremo sul da África, pelo cabo da Boa Esperança. Era definitivamente uma família especial. (Mas Bartô não era de dançar na praia com os índios, ao que consta.)

Ninguém entendeu nada que os índios estavam falando, nem os índios entenderam os portugueses, mas a recepção dos tupiniquins foi pacífica.

Para a raiva de Diogo Dias, que estava no rolê mais pela bagunça, logo apareceu um padre querendo realizar uma missa, o que ocorreu no dia 26 de abril, quando também se declarou que o local agora pertencia a Portugal.

Após dez dias no Brasil, foi todo mundo embora para a Índia, exceto por dois degredados, que ninguém aguentava mais e foram largados para trás, e por dois ajudantes de marinheiro (chamam-se "grumetes") que, na hora de embarcar, simplesmente desapareceram, fascinados pela coisa boa que era a Bahia antes de Antonio Carlos Magalhães.

A visita, dessa maneira, serviu mais para informar à Coroa portuguesa da existência do Brasil, que eles consideravam então ser uma ilha.

A famosa carta de Pero Vaz mostra que ele reparou bem nos índios — e gostou do que viu.

Dizia que primeiro apareceram uns dois ou três índios "pardos, nus, sem coisa alguma que lhes cobrisse suas vergonhas", mas que logo já eram sessenta ou setenta.

Afonso Lopez, "nosso piloto", pegou dois índios "mancebos e de bons corpos" e os levou, já de noite, para a nau, onde "foram recebidos com muito prazer e festa". Os índios tinham "bons rostos e bons narizes", sendo "bem-feitos". Não faziam questão de cobrir nada, mas "apesar disso [eram] de grande inocência".

Aí o Pero Vaz começa a contar que botaram os tais índios bons de corpo no barco e começaram a mostrar uma porrada de coisa para eles. O papagaio os índios reconheceram e pegaram na mão. Para o carneiro eles não deram bola. Depois trouxeram uma galinha, e os índios ficaram com medo e não quiseram pôr a mão. "Depois pegaram, mas espantados."

Trouxeram pão, peixe cozido, mel e figos. "Não quiseram comer quase nada. Se provavam, lançavam logo fora." Aí veio o vinho em uma taça. "Mal puseram a boca, não gostaram nada nem quiseram mais."

A pergunta que não quer calar: tinha alguma coisa que esses portugueses não carregavam nesse maldito barco?

Aí os índios, depois do vinhozinho, dormiram no próprio barco, com os portugueses colocando "um manto por cima deles", sempre segundo a carta. Pero Vaz, Pero Vaz, algo me diz que tem coisa aí que o senhor não quis contar ao rei...

No dia seguinte, pela manhã, os portugueses desceram do barco com os dois índios. Quando chegaram à praia, já tinha duzentos outros nativos esperando, inclusive umas moças, "bem novinhas e gentis", com "cabelos muito pretos e compridos" e "vergonhas tão altas e tão cerradinhas e tão limpas das cabeleiras", e elas "não se envergonhavam de nós as olharmos muito bem".

Pero Vaz, como se vê, era homem total flex, sem restrições de gênero, embora vítima das próprias circunstâncias, razão pela qual insiste em chamar pinto e vagina de "vergonhas", o que nos mostra que tipo de gente reprimida esse catolicismo ibérico pode criar. Solta esse Village People que tem dentro de você, Perito!

Quando vai contar da missa, por exemplo, Pero Vaz diz que, "segundo meu parecer, ela foi ouvida por todos com muito prazer e devoção". Estamos enganando quem aqui, cara? Se ainda tivesse um "os animaizinhos subiram de dois em dois" e aquela bagunça toda, com a galera fazendo trenzinho e o escambau, até vai... Mas não! Missa em latim, meu irmão, *old school*, ninguém aguenta.

Ele conta ainda que os portugueses cogitaram pegar dois índios para levar à força para Portugal, "em troca dos dois degredados" (mas quem disse que os índios queriam esse escambo?), para mostrá-los ao rei e para que eles pudessem falar mais sobre a sua terra. Aí apareceu algum português meio hippie, tranquilão, "de buenas", e disse que não tinha necessidade disso, calma aí, os caras tão na deles, cada um faz o seu, e de resto eles não falam português, então não vão conseguir contar nada. O argumento convenceu os demais, que desistiram da brilhante ideia.

Por fim, o capitão mandou que dois degredados fossem terra adentro atrás dos índios, para ver como eles moravam. E adivinha quem se meteu a querer ir junto? Uma chance! Óbvio, ele mesmo,

Diogo Dias, que quis ir "por ser homem alegre, com quem os índios folgavam", ou seja, se sentiam à vontade.

O que eles encontraram foram nove ou dez casas, de madeira, cobertas de palha, "de razoável altura", todas sem repartição interna alguma, com redes em que os nativos dormiam — trinta ou quarenta por casa.

Acabou que depois dessa visita os índios já começaram a se sentir amigos dos portugueses. Apesar de ninguém se entender, Pero Vaz reclama que a certa altura "a conversação deles conosco já era tanta que quase nos estorvavam no que havíamos de fazer". Relevante questionar: afinal, o que tanto esses portugueses tinham para fazer?

No final, chegou uma hora em que os índios já estavam topando até o vinho. Imagina o nível do Sangue de Boi que pintou por ali.

Aí o Pero Vaz começa com um papo chatíssimo de um dia converter todo mundo e a carta perde um pouco a graça. Nosso amado escriba aproveita a oportunidade para pedir ao rei que interceda para a soltura de seu genro, Jorge de Osório, que estava preso na ilha São Tomé por ter assaltado uma igreja (só gente boa!), inaugurando assim o jeitinho brasileiro. (Viva!) Para acabar a carta, finalmente, Pero Vaz manda aquela lambeção de bota pro rei. "O saco do chefe é o corrimão do sucesso" e não é de hoje...

POTI E A "INDIADA NUA"

Tínhamos, modéstia à parte, um volumoso e avermelhado pau-brasil, o que muito chamou a atenção dos portugueses logo de cara.

Curiosamente, o pau-brasil, que era retirado sobretudo do Nordeste, é na França conhecido como "le pernambouc", para você ver como é a intimidade. Em inglês, eles dizem *brazilwood*, mas também *Pernambuco tree*. Nenhum pernambucano chama o pau-brasil de "árvore daqui", da mesma maneira que nenhum francês reconhece o pão francês como "nosso pão", nenhum suíço se identifica particularmente com o queijo suíço, e o beijo grego não é... bom, essas coisas nunca são muito exatas.

A tinta vermelha do pau-brasil era muito valiosa para a indústria têxtil europeia de então. Os índios ajudavam a cortar e arrumar a madeira para os portugueses em troca de espelhinhos, pentes e, como se sabe, bermudas Adidas, as favoritas da tribo.

Foi nessa época que um português chamado Diogo Álvares, conhecido como Caramuru e muito parecido com o Selton Mello, naufragou perto da costa do Brasil e veio a morar com os índios, aproveitando a dupla nacionalidade para ajudar a traficar pau--brasil com quem aparecesse.

Na época, começou a virar moda esse negócio de se meter entre os índios, e outro marginal que aderiu à tendência foi João Ramalho, que em 1512 largou a mulher em Portugal em busca de aventuras. Acabou na região de São Paulo, casou com a índia Bartira, filha de um cacique, achava que estava em Woodstock e engravidou mais outras tantas.

Esse negócio de ficar catando pau-brasil e às vezes alguma índia prosseguiu até mais ou menos 1530. Portugal não tinha interesse nem gente suficiente para ocupar o Brasil de forma mais concreta. O problema é que foi surgindo a concorrência.

Em 1532, Portugal interceptou no Atlântico um navio francês carregado de toras de pau-brasil. Surgia progressivamente, entre os portugueses, uma consciência de que quem não cuida do pau-brasil que possui dá margem ao aparecimento de outros interessados. Começou então a campanha "O pau é nosso".

Primeiro os portugueses tentaram dividir o Brasil em catorze capitanias, doadas a doze infelizes, mas quase todas fracassaram. O fato é que quase ninguém em Portugal se interessou pela missão de desenvolver um pedaço do Brasil, por estarem demasiado ocupados ensaiando o vira, dança típica local — se o leitor tiver perversão por bizarrices coreográficas, eles dançam isso até hoje e há muitos vídeos disponíveis, inclusive variações belíssimas como o vira valseado, o vira de dois pulos e, o meu favorito, o vira de costas. O sujeito dançar o vira em pleno século 21 é mais ou menos que nem a pessoa que tatua "be happy" no braço: não vamos julgar, mas é certeza que estamos tratando de gente que não transa.

Mesmo entre os portugueses que toparam receber as terras, quatro simplesmente nunca pisaram no Brasil, utilizando-se de famosas desculpinhas como "vamos combinar", "opa, é só marcar" ou "tô te devendo essa, hein".

Não estavam de todo errados, uma vez que o dono da capitania da Bahia acabou vindo e, depois de uma viagem de dois meses que fazia a classe econômica da LATAM parecer uma suíte presidencial, acabou assassinado pelos tupinambás, que naquele dia infelizmente não estavam muito dados a novas amizades.

Tudo bem que o bonitão português estava envolvido, aparentemente, no comércio de escravos indígenas, mas um historiador notou que, poxa, "isso era legalmente permitido, desde que respeitados determinados limites numéricos" — ah, então tá, e ninguém explicou isso pros índios, foi? De modo que, para tentar resolver o problema, em 1549 o rei de Portugal nomeou um governador-geral do Brasil, Tomé de Sousa.

Quando chegou, Tomé recebeu relatos de que a vida no Brasil era uma festa só. Uma carta endereçada a ele por um caguete dizia que "há nesta terra muitos homens casados lá no reino [em Portugal] que aqui estão amancebados com um par ao menos de gentias". Quem nunca largou a mulher, foi morar com umas índias e viu que nem era tudo isso que dizem?

Muita gente escreveu sobre as relações sexuais e amorosas entre portugueses e mulheres indígenas. Gilberto Freyre foi um deles: "A luxúria dos indivíduos, soltos sem família, no meio da indiada nua, vinha servir ao rápido povoamento mestiço da nova terra."

"No meio da indiada nua." Essa é a sociologia brasileira!

Já o poeta Gregório de Matos, que nasceu em 1636 em Salvador, compôs um delicado poema sobre sua cidade natal:

De dois ff se compõe
esta cidade a meu ver:
um furtar, outro foder.

Eis um homem cortês no uso das palavras. O historiador Jorge Caldeira, no livro *História da riqueza no Brasil*, escreveria que o poema "descreve a vida sexual muito animada (inclusive a de Gregório de Matos) fora do casamento oficial, que gerava mestiços de todo tipo".

A melhor parte, olha isto, é Caldeira ficando bravo com Gregório de Matos por causa do poema, que considerou injusto, uma vez que o poeta também era parte da bagunça: "Gregório de Matos não conseguia pensar em si mesmo como um dos muitos transformados pela experiência local. Ainda que numa orgia, não perdia a compostura de doutor."

1) O cara tá brigando com um outro que viveu quatrocentos anos antes porque não gostou que ele tenha dito que Salvador era só "furtar e foder", uma maravilha.

2) Estar "na orgia com compostura de doutor" é uma das melhores críticas a alguém já escritas em português — faz você imaginar, sei lá, o Drauzio Varella no meio de... ok, você não quer imaginar. (Tarde demais, talvez.)

Com ou sem compostura, é nessa mistura entre brancos e índios que começa a ocupação do Brasil.

Para os índios, porém, o contato não foi nada bom. É certo que parte deles foi assimilada, como essas mulheres e seus filhos, mas muitos acabaram escravizados, mortos em longas batalhas ou por causa de doenças europeias para as quais não tinham imunidade, como a gripe e o sarampo. Quem sobreviveu acabou marginalizado, embora, nas regiões mais distantes do país, ainda existam tribos não contatadas pelo homem branco.

Os únicos que tentavam minimizar, de alguma forma, o extermínio eram os jesuítas. Não por amor à vida alheia, mas porque não dava para converter os índios se eles estivessem mortos. Quando as suas opções na vida são virar escravo, morrer ou se tornar coroinha de um padre quase medieval com safadezas obscuras, meu amigo, é porque a coisa está complicada para você. Os jesuítas também estavam longe de admirar a cultura indígena. O padre Manuel da Nóbrega, por exemplo, disse que os índios são "cães em se comerem e porcos na maneira de se tratarem", o que nos faz questionar: porcos são rudes uns com os outros?!

Os jesuítas estavam tentando fazer alguma coisa para conter a matança, pelo menos, o que nos remete a uma bonita parábola cristã, para o leitor devoto. O jesuíta velho e sábio estava tentando salvar a vida de uma pequena tribo indígena quando o jovem explorador português veio perguntar: "De que adianta salvar estas poucas almas, quando a morte devasta neste exato momento centenas e centenas de outras tribos pelas terras deste grande Brasil?" Ao que o jesuíta velho e sábio respondeu: "Vai tomar no cu." Moral da história: não se meta.

Enquanto a vida seguia no Brasil Colônia, os portugueses iam plantando cana-de-açúcar, que veio a substituir o pau-brasil como o principal produto de exportação. Os portugueses já tinham plantado cana em ilhas do Atlântico. O clima no Brasil era compatível, e assim eles tentavam organizar uma atividade produtiva mais estruturada no país. O Brasil continuou ruim, mas ao menos surgiram os alambiques, o que tornou a vida mais tolerável nos trópicos.

Em 1549, Tomé de Sousa, o governador-geral, instaurou a capital na atual Salvador. Os franceses se estabeleceram no Rio de Janeiro, mas foram tocados de lá pelo terceiro governador-geral, Mem de Sá. Tudo isso para no final entregarem a localidade a Sérgio Cabral, de modo que era melhor ter deixado com os franceses.

Os invasores mais interessantes, porém, foram os holandeses, liderados por um ruivo chamado Maurício de Nassau, cujo nome de verdade era Johan Maurits van Nassau-Siegen, o que faz a gente quase celebrar que os brasileiros até tenham se moderado na tradução, não o tendo apelidado de Jão, alemão, branquito ou coisa equivalente.

Muito modestamente, ele começou a construir a partir de 1638 a Mauritsstad, ou Mauriciópolis, no Recife. Tinha ponte, dique, canal, palácio, observatório astronômico e jardim botânico — o bicho não brincava em serviço. Tinha até bombeiro e coleta de lixo.

Volto a Gilberto Freyre, nosso timoneiro: "O Recife, que era um simples povoado de pescadores em volta de uma igrejinha, com Nassau se desenvolvera na melhor cidade da colônia e talvez do continente. Sobrados de quatro andares. Palácios. Pontes. Canais. Jardim Botânico. Observatório. Sinagoga. Prostitutas. Lojas. Armazéns."

Em que momento a mente de Freyre sai das pontes, canais e sinagogas, entra de contrabando com as prostitutas e volta para as lojas e armazéns é uma questão em aberto para a neurociência contemporânea.

Ok, na Mauriciópolis tinha até prostituta, mas tinha especialmente produção de cana-de-açúcar, o que era o objetivo da Companhia Holandesa das Índias Ocidentais, patrocinadora da invasão. Os holandeses financiavam a produção dos fazendeiros locais. No auge, houve 80 mil holandeses no Recife.

Nassau tinha um bom relacionamento com os fazendeiros, e de vez em quando tolerava uns atrasos e calotes. Mau-mau era uma pessoa tranquila, mais preocupado com arquitetura e arte do que com a inadimplência alheia, conhecido por circular pelo Recife num Escort conversível escutando um Bob Marley e fumando um cigarrinho de artista. Ruivo, gente boa e meio maconheiro, enfim, era um Nando Reis do século 17.

Após sete anos no Recife, a Companhia Holandesa das Índias Ocidentais, para quem Nassau trabalhava, mandou-o de volta para a Holanda, e foi empossada uma nova gestão. O pessoal da companhia achava Nassau meio mole e considerava que ele deveria penhorar as fazendas dos produtores de cana-de-açúcar que estavam em débito.

Nassau poderia participar daquela série da TV por assinatura que mostra a vida de acumuladores compulsivos, porque o gringo não era de jogar coisa fora, não. Quando voltou para a Holanda, duas das treze naus que o acompanharam estavam dedicadas apenas a carregar sua bagagem pessoal. Tinha tudo que era tralha: suas coleções de arte, toras de jacarandá, abacaxis, farinha de mandioca e trinta cavalos pernambucanos (!). De modo que um bom presente para Maurício seria o livro *A mágica da arrumação*, de Marie Kondo, que ensina que precisamos nesta vida aprender a jogar as coisas fora de vez em quando.

Maurição fez 40 anos ainda a bordo. De volta à Europa, foi governador de várias regiões da Holanda, embaixador na Alemanha, se meteu a combater em mais de uma guerra da Holanda com países vizinhos e só veio a morrer aos 75 anos. Não se sabe onde ele enfiou os cavalos e muito menos as toras de jacarandá.

No Brasil, quando os novos administradores assumiram e passaram a cobrar as dívidas, os produtores pernambucanos não gostaram muito, o que levou, em 1645, à Insurreição Pernambucana. Ou seja, os holandeses foram expulsos do Brasil por grandes patriotas caloteiros que não queriam pagar seus débitos com eles.

A coisa se deu na chamada Batalha dos Guararapes, que na verdade se dividiu em dois conflitos, em 1648 e 1649. Considera-se que aí surgiu o que viria a ser o Exército Brasileiro, com a união de brasileiros, portugueses, negros e índios para expulsar os holandeses. Foi uma porradaria razoável, que se filmada pelo Spielberg ficaria até bem animada.

Os números variam, mas considera-se que cerca de 2.500 portugueses/brasileiros se pegaram de pau contra uns 3.500 holandeses e seus aliados, num morro com áreas alagadiças, aquela coisa gostosa de rolar na lama trocando tiro e soco com holandês, "se sujar faz bem", banheira do Gugu de pobre, uma graça.

Tinha gente armada com umas espingardas vagabundas e meio artesanais da época (você não estava achando que o pessoal baixou no Recife de metralhadora e uniforme da SWAT, né, bonitão?), mas tinha bem mais gente do que arma, de forma que muito sujeito foi de foice, pau, arco e flecha, mão... Foi aquela pendenga boa.

Um dos principais comandantes da vitória luso-brasileira foi um negro chamado Henrique Dias, filho de negros libertos que participou com bravura dos combates, liderando tropas de escravos. Ele ficou conhecido pela alcunha de "Governador dos crioulos, pretos e mulatos do Brasil" — o pessoal não era muito politicamente correto na época.

Depois da insurreição, Henrique foi pessoalmente a Portugal pedir a libertação de todos os escravos que haviam lutado com ele. Ao que consta, foi recebido com honras, inclusive recebendo o título de fidalgo, que na prática não servia para quase que porra nenhuma, mas que não deixava de ser uma homenagem aristocrática.

Outro que liderou o ataque aos holandeses foi um índio chamado Antônio Filipe Camarão. É natural que você esteja se perguntando onde raios encontraram um índio chamado Antônio Filipe, de modo que é importante contar que o nome de nascença do meninão era Potiguaçu, agora sim, que em tupi significa... "grande camarão".

De qualquer forma, Filipe ficaria puto da vida e iria querer enfiar sua cara no mangue se você o chamasse de Potiguaçu ou, pior ainda, Poti, ou, muito pior ainda, Pothy.

Isso porque o senhor Antônio Filipe, educado por jesuítas, não gostava muito dessa coisa de acharem que ele era índio, entendia latim e era tão cheio de pompa que um frei que conviveu com ele chegou a escrever que Poti dava tanta importância para a correção gramatical da língua portuguesa que chegava "a ser exagerado" — em outras palavras, ô índio insuportável que não deixa os outros falarem do jeito que querem.

De qualquer forma, estou fazendo piada sobre o cara aqui porque ele já está morto há muito tempo, porque se vivo estivesse Poti me daria uma sova. Ele era bom de briga e organizou um grupo de índios que realizavam contra os holandeses ações que hoje chamaríamos de "guerrilha" — eram nossos vietcongues, que quando você menos esperava surgiam do nada dando tiro e flechada nos outros e causando uma correria desgraçada.

Ganhou tudo que foi título também, inclusive o de "capitão-mor de todos os índios do Brasil" (eles gostavam de coisas desse tipo, como se pode perceber).

Embora os rebeldes tenham vencido a batalha contra os holandeses, a coisa só foi se resolver mesmo em 1661, quando o Império Português fez um acordo de paz com os holandeses — nem tanto para expulsá-los, o que já havia acontecido, mas para garantir que não haveria uma nova invasão. Portugal pagou uma compensação financeira para a Holanda, além de doar para ela o atual Sri Lanka e as ilhas Molucas.

O Sri Lanka é uma ilhona ao sul da Índia, e as gloriosas ilhas Molucas são aquelas, como certamente você há de saber, que ficam ao sul do incrível mar de Arafura, perto da espetacular ilha de Celebes, ou seja, um fim de mundo sem igual do qual ninguém nunca ouviu falar e que hoje fica na Indonésia.

Uma coisa curiosa é que os holandeses eram muito tolerantes com a presença de judeus no Recife. Os portugueses, que não eram tão amigáveis, deram três meses para que eles se convertessem ou deixassem a cidade. Quase todo mundo foi embora — encheram dezesseis navios.

Muitos foram para Nova York. Um importante aliado de George Washington na Guerra de Independência dos Estados Unidos era descendente desses judeus fugidos e tinha nome de quem podia estar tocando teclado no Aviões do Forró: Gershom Mendes Seixas. Grandes nomes da independência americana: George, Benjamin, Robert e... Gershom.

E assim seguiu a vida em Pernambuco, sem judeus e com bem menos holandeses, embora vários tenham se misturado e ainda hoje às vezes pinte um olho azul ou outro por ali.

Pernambuco é muito interessante porque representa bem o Brasil colonial: grandes plantações de cana-de-açúcar, em grandes extensões de terra, com grande uso de trabalho escravo. A demanda por escravos não parava de crescer.

Os portugueses, no começo, tentaram escravizar os índios.

Algumas tribos já tinham o hábito de escravizar os inimigos derrotados em batalhas. Os tupinambás, por exemplo, podiam mantê-los escravizados por anos, até enfim comê-los (literalmente). O sujeito ficava lá e era até bem tratado, mas sabia que seu destino inevitável, cedo ou tarde, era a panela. Os historiadores falam em "orgias canibalescas", um bom nome para uma banda de punk rock.

O que nos remete àquele caso do jovem índio que disse: "Mamãe, não gosto do meu primo", ao que ela respondeu: "Então come só a batatinha."

Você pode estar se perguntando por que o sujeito simplesmente não fugia, mas ter se deixado capturar pegava tão mal que ele provavelmente seria morto pela sua tribo de origem se voltasse para lá. Não era fácil.

Houve alguns portugueses que também foram vítimas do canibalismo dos índios, aliás. O mais famoso provavelmente foi o bispo Pero Fernandes Sardinha, cuja degustação foi feita após o barco onde ele estava naufragar na costa de Alagoas. Imagina quando tiveram que avisar o papa: "Senhor, comeram o Sardinha." "Porra, até ele tá nessa?"

Os portugueses que não foram comidos se aliaram a alguns "índios mansos", como diziam, e passaram a se aproveitar do seu apoio para capturar nativos de outras tribos, os "índios bravos".

A Igreja, principalmente por meio dos jesuítas, não gostava muito dessa coisa de escravizar índio, porque via neles potenciais cristãos. Em 1640 ocorreu um episódio com o saboroso nome de "A botada dos padres fora", quando os jesuítas de São Paulo foram expulsos da cidade porque começaram a encher o saco demais com essa história de não poder escravizar índio. Voltariam alguns anos depois.

Em 1570 os jesuítas haviam conseguido que o rei de Portugal proibisse a escravização dos nativos convertidos, exceto aqueles que estivessem "combatendo ou devorando" os portugueses, hábitos de fato um tanto deselegantes que fazem mesmo a gente perder um pouco a paciência.

De qualquer forma, essa brecha permitiu aos colonizadores portugueses manter a escravidão indígena por muito tempo. Bastava dizer que eles haviam sido capturados em "guerra justa". Os bandeirantes, por exemplo, de quem falaremos, adoravam ir para o mato catar índio, embora a coisa mais terrível que eles tenham feito para o país foi ter inspirado aquela estátua horrível do Borba Gato na zona sul de São Paulo.

ELOGIO AO CAFUNÉ

A escravidão que pegou mesmo, porém, não foi a indígena, mas a negra.

Ao todo, foram traficados mais de 3 milhões de negros da África para o Brasil, a grande maioria de 1640 até 1850.

O tráfico negreiro não era tocado apenas pelos brancos, mas também por mulatos e até negros libertos, tanto na África quanto na "receptação" no Brasil. Em geral, os comerciantes adquiriam os negros de tribos africanas que os haviam capturado.

Embora alguns autores tenham romantizado a relação entre senhorio e escravos, o fato é que a coisa era bem violenta. Castigos físicos eram muito comuns.

Às vezes os negros reagiam. Houve, por exemplo, o caso de um escravo que matou o proprietário em Campinas, em 1849. O negro havia recusado comer angu, dizendo que lhe "faria mal à barriga". O dono achou arrogante e o esbofeteou. O escravo reagiu e, aos socos, matou o sujeito. Você veja que às vezes essa coisa de comer angu pode dar em morte. (Você nunca ouviu falar de alguém que matou ou morreu porque não queria comer um temaki de salmão com cream cheese.)

A historiadora Maíra Chinelatto Alves pesquisou, na USP, vários casos de vinganças de escravos contra seus proprietários. Em um caso ocorrido em 1845, um senhor de engenho já idoso chamado Pedro Antônio achou que um escravo estava fazendo corpo mole. Resolveu ir sozinho atrás dele para castigá-lo. O velho tinha mais de 80 anos; o escravo era um negro forte com menos de 30 anos e se chamava João de Nação. Era óbvio que não ia dar certo. Mesmo esquecendo as idades, quando foi que um Pedro Antônio saiu na mão com um cabra chamado João de Nação e levou a melhor?

Acabaram se encontrando no meio de um bananal — o difícil de fazer filme de ação no Brasil é que as cenas ficam sempre meio ridículas. O velho deu uma paulada na cabeça de João, que reagiu com uma foice, matando o inimigo. Levado à Justiça, Nação explicou que tinha tomado "algumas pingas" e que "ainda andava meio quente delas", conforme os documentos que Chinelatto encontrou.

É a cara do Brasil. Deveríamos trocar o "ordem e progresso" da bandeira por "cachaça e briga no bananal".

A escravidão tinha algumas portas de saída. Alguns escravos conseguiam juntar uns trocados para comprar suas alforrias ou de seus familiares, especialmente aqueles envolvidos na mineração, com a ascensão do ouro em Minas Gerais, da qual falaremos em breve. Havia proprietários que no testamento libertavam os seus escravos. Muitos ex-escravos tinham seus próprios escravos.

COLÔNIA

Era frequente que negras se juntassem (casar oficialmente era mais difícil, por causa do racismo da Igreja) com portugueses e brasileiros brancos, especialmente os mais pobres — nem todo mundo era senhor de engenho.

As pessoas se apaixonam, afinal, e, quando toca um Fagner ("esse coração não consegue se conter ao ouvir tua voz/ pobre coração, seeempre escraaavo da teernura"), a gente não resiste a pensar na pessoa amada e é capaz de superar qualquer barreira racial.

(Embora a minha favorita do Fagner seja "Deslizes" — "não sei por que insisto tanto em te querer, se você sempre faz de mim o que bem quer...". Tem também as maravilhosas "Noturno" — "aaaaai, coração alaado" — e "Canteiros" — "quando penso em você, fecho os olhos de saudade". O Fagner, como se vê, é um sujeito bastante mal resolvido com essa coisa de amor. Mas vamos em frente que este não é um livro sobre Fagner, infelizmente, embora me pareça perfeitamente justo que, no ensino da história do Brasil, se defenda "mais Fagner e menos Floriano", campanha que aqui inicio.)

Fugas eram comuns e deram origem aos quilombos. O mais famoso era o quilombo dos Palmares, em Alagoas, que durou mais de um século, até 1710. Quando você ouve falar nele, provavelmente se lembra do Zumbi dos Palmares, famosíssimo, mas isso é injusto, porque muito antes dele estava lá um sujeito com este nome de rapper americano: Ganga Zumba.

Ganga Zumba nasceu por volta de 1630 em M'Banza Kongo, capital do reino do Congo, cidade que os portugueses, com sua ânsia inexplicável de estragar nomes divertidos, passaram a chamar pelo broxante nome de... São Salvador do Congo. Em 1975, após a independência de Angola, onde a cidade fica hoje, rolou o movimento "aqui é M'Banza, porra", e a cidade voltou a ter o nome anterior. (Há alguma patologia psiquiátrica nessa mania de ficar dando nome de santo para tudo que se vê pela frente. Haverá limite para isso? Existirá algum português que chega em casa e diz para a mulher que adora quando ela depila a Santa Edwiges? São questões importantes.)

Ganga Zumba veio para o Brasil como escravo, não se sabe exatamente quando nem em que condições, mas fugiu e foi o primeiro líder do Quilombo dos Palmares. O negócio deu certo: por volta de 1670, Ganga tinha um palácio, onde mantinha as suas três esposas, porque ninguém é de ferro. O palácio era cercado por algo como 1.500 casas, onde morava a "nobreza" do quilombo. O quilombo tinha algo como 20 mil pessoas — três vezes a população do Rio de Janeiro da época. A "aristocracia" do quilombo tinha escravos, o que mostra que o ser humano é foda, como diria Aristóteles.

Como você deve imaginar, os portugueses não achavam exatamente bacana esse negócio dos negros ficarem fugindo e começaram a se incomodar com a existência de um "reino" de escravos fugidos no interior do Nordeste.

Em 1677, uma expedição portuguesa foi até Palmares e desceu a borracha. Um dos filhos de Ganga Zumba foi morto, e outros dois foram presos. O próprio Ganga levou uma flechada, mas fugiu pro mato.

Aí apareceu, dizendo que ia resolver a questão, um tal de Ganga Zona, irmão do Ganga Zumba — atenção, mulher grávida que ainda não conseguiu escolher um nome para o seu filho, olha aí as diversas opções. Ele era muito chegado nos brancos e acabou amigo de Pedro de Almeida, governador de Pernambuco. Posteriormente, Ganga Zona desistiria do seu nome, certamente cansado das brincadeiras e do bullying. Disse que zona nunca mais, foi apadrinhado pelo governador e passou a se chamar Pedro de Souza Castro, com o que certamente comprou camisas polo e passou a votar no João Dória.

De qualquer forma, fica a sugestão de nome de estabelecimento comercial musical-etílico-noturno para o empreendedor que queira homenagear os irmãos: Zumba & Zona.

O ponto é que Ganga Zona, antes da fase coxinha, quando ainda era Ganga Zona e andava para cima e para baixo no quilombo de carro rebaixado e Racionais no último volume, chegou com a ideia errada para o Ganga Zumba: por que não fazer um tratado de paz com o governador de Pernambuco, que é brother, e dessa forma resolver os conflitos com os portugueses?

Foi o que aconteceu em 1678. O acordo era meio estranho. Seria reconhecida a liberdade aos nascidos no quilombo, mas eles teriam que se mudar para uma região mais distante, Cocaú, de terras pouco férteis. Além disso, eles se comprometeriam a entregar de volta aos seus donos os escravos que a partir de então fugissem para o quilombo. "Quem veio, veio; quem não veio, não vem mais." Com o acordo, também seriam devolvidos pelos brancos os filhos aprisionados de Ganga Zumba.

O acordo só foi bom para o Ganga Zona, que reforçou seus laços com o governador e, espécie de Michael Jackson colonial, foi viver com os brancos.

Em Palmares, ele só serviu para dividir os moradores do quilombo. Um dos sobrinhos de Ganga Zumba, o famoso Zumbi, liderou a resistência daqueles que discordavam do acordo e se recusavam a abandonar a região.

(Ao contrário do que pensam nove entre dez brasileiros, Zumbi não tinha esse nome porque achavam que ele tinha cara de morto-vivo ou devesse arrumar um papel em *The Walking Dead*. Era só uma variação do tipo de nome que eles gostavam: Zumba, Zumbi, Zona e Zambi, que era um filho de Zumba, coitado.)

(Aliás, falando em Zumbi, vocês sabiam que, segundo o que dizem, aquela música da Rita Lee, "Doce vampiro", que não tem absolutamente nada a ver com história do Brasil colonial, se refere ao prazer que o marido dela sentia em fazer sexo oral com ela quando estava menstruada? "Venha sugar o calor de dentro do meu sangue... vermelho! (...) Que mata sua sede, que me bebe quente como um licor." Mas, meu Deus, como é que a gente foi parar na menstruação da Rita Lee?)

Um seguidor de Zumbi envenenou Ganga Zumba, que morreu. Zumbi rasgou o acordo, e os portugueses resolveram acabar com ele. Zumbi passou a atacar fazendas para roubar armas e suprimentos, o que aumentou a tensão entre o quilombo e os brancos. Após várias investidas sem sucesso contra o quilombo, os portugueses decidiram contratar Domingos Jorge Velho para resolver o problema.

Rapaz, Domingos Jorge Velho era um bandeirante com quem você não ia querer arrumar briga no bar, especialmente se tiver uma cara meio tapuia. A essa altura ele já era conhecido por ter perseguido com muita violência índios na Bahia, no Piauí, no Ceará e na Paraíba, seja para escravizá-los, para tirá-los do caminho ou até por certo prazer sádico.

Jorge Velho achou que ia ser um passeio, mas descobriu que os quilombolas combatiam melhor do que os índios, além de terem as armas que haviam roubado dos fazendeiros da região. Em 1694, finalmente conseguiu um ataque vitorioso ao quilombo, com 6 mil homens armados — se você juntasse esse povo todo hoje, é capaz que invadisse a Venezuela.

Zumbi foi encurralado, morto, sua cabeça foi cortada e levada para o Recife, onde ficou exposta no alto de um mastro em praça pública. O pessoal era bem bacana na época, como se pode perceber. Sem Zumbi e destruído, o quilombo acabou se desfazendo.

A escravidão ainda duraria muito tempo, acabando só no final do Império. Os escravos legaram muitas coisas para o Brasil, mas a melhor parte é a sua influência no português falado aqui.

Sem os escravos, não haveria cafuné.

A palavra cafuné não existe em outras línguas. Procure num dicionário português/inglês. Cafuné é um "soft scratching or stroking on the head (to lull somebody into sleep)"; veio com os escravos que falavam quimbundo, uma língua da região de Luanda, em Angola. Se não fosse o quimbundo, a vida seria bem pior no Brasil. Não fosse a sua influência, também não teríamos as palavras cochilar, muamba, xingar, samba, moleque, marimbondo e bunda — um sucinto resumo do Brasil, basicamente.

Falando em samba, a importância da influência dos ritmos negros na música brasileira contemporânea resta evidente quando você compara a alegria e a festividade da música baiana, muito mais impactada pelo batuque africano, com a falta de inspiração da música do Sul.

Adoro o Rio Grande do Sul, meus pais são gaúchos, Erico Verissimo foi parte essencial da minha formação como leitor, mas sejamos realistas: quando "China véia" é o clássico musical do seu estado, é porque a coisa vai mal. Perdão, Garotos de Ouro, mas eu fico com Gil, Caetano, Gal, Olodum e, por que não, Timbalada.

O PHOTOSHOP DOS BANDEIRANTES

Já que falamos de Domingos Jorge Velho, o bandeirante genocida que certamente não gostava de cafuné e muito menos de Timbalada, este é um bom momento para derrubar alguns mitos sobre os bandeirantes.

Se você já esteve em São Paulo, sabe que há homenagens para os bandeirantes em cada esquina. O Palácio dos Bandeirantes, a rodovia dos Bandeirantes, a avenida dos Bandeirantes, o Colégio

Bandeirantes, o Monumento às Bandeiras (aquele ao lado do Ibirapuera, um monte de homem se aglomerando, conhecido pela população como Deixa-Que-Eu-Empurro), a rodovia Raposo Tavares, a Fernão Dias.

Isso porque consolidou-se a ideia de que os bandeirantes foram desbravadores que avançaram corajosamente pelo Brasil, tendo São Paulo como epicentro, expandindo o país para além dos limites do Tratado de Tordesilhas, que dividiria o continente entre Portugal e Espanha. Se fosse levado a sério, o Tratado de Tordesilhas deixaria para os espanhóis quase todo o Centro-Oeste e o Norte, além de parte muito significativa do Sul.

Em primeiro lugar, não é que os bandeirantes estivessem deliberadamente transgredindo o Tratado de Tordesilhas para beneficiar territorialmente o Brasil, cuja independência ainda seria proclamada. Se você já viajou de carro pelo estado de São Paulo, já deve ter visto em alguma rodovia aquela placa "Aqui passa o Trópico de Capricórnio". Como diz o professor João Paulo Garrido Pimenta, da USP, não é que os bandeirantes estivessem entrando pelo Brasil e, de repente, dessem com uma placa dizendo "Aqui passa o Tratado de Tordesilhas". Eles simplesmente não estavam nem aí para essa questão, nunca foi uma preocupação.

Em segundo lugar, é preciso refletir sobre o que levava essas pessoas a avançar pelo país. O sonho maior era encontrar ouro ou prata. Enquanto isso, iam caçando índios, que vendiam como escravos, apresentando-os como "negros da terra" — o Brasil é tão chegado a uma contravenção que até na escravidão havia pirataria.

Os jesuítas odiavam os bandeirantes. Quando eles finalmente conseguiam catequizar os índios, apareciam esses caras dizendo que Jesus é o caramba, aqui é escravidão. Raposo Tavares chegou a ser excomungado. Embora, vamos combinar, proibir o Raposão Malvadeza de entrar na igreja seja como proibir o Geraldo Alckmin de fazer a dança do Créu — não é exatamente algo que você esperaria que fosse acontecer de qualquer forma.

Além disso, os jesuítas estavam impressionados com os maus-tratos aos nativos. Segundo o seu relato, "na longa caminhada até São Paulo, chegam a cortar braços de uns [índios] para com eles açoitarem aos outros", e também "matam os velhos e crianças que não conseguem caminhar, dando de comida aos cachorros". Imagine-se arrumando uma máquina do tempo e perguntando a esses caras qual a opinião deles sobre a proibição da palmada como ferramenta pedagógica.

Houve um bandeirante que era tão agressivo com os índios que acabou conhecido, segundo Pedro Taques, historiador do século 18, como "Caga-Fogo".

Aliás, essa mania brasileira de ficar dando apelidos para os outros é uma coisa maravilhosa. Elio Gaspari, em um dos seus livros sobre a ditadura, mostra que todos os presidentes militares tinham apelidos dentro do Exército. Dessa forma, de 1964 a 1985, o Brasil foi presidido por Tamanco, Português, Milito, Alemão e Figa. Tá aí um bom título para livro de história nacional: *Brasil: de Caga-Fogo a Tamanco.*

Outro exemplo desse hábito brasileiro de apelidar é a lista dos traficantes mais procurados do Rio de Janeiro. Estiveram neste nobre rol os criminosos Marquinho Sem Cérebro, Juninho Cagão, Manteiguinha, Lerdão, Picasso (nenhuma homenagem culta ao pintor espanhol, mas uma referência ao caráter avantajado do seu... bom, deu para entender), Piolho e, bom, o meu favorito, o Chumáquer, pelo visto um grande piloto de fuga.

Mas voltemos aos bandeirantes.

Estima-se que, no século 17, os bandeirantes levaram para a cidade de São Paulo dezenas, talvez centenas de milhares de índios. A cidade, na época, produzia trigo, que era levado ao litoral, onde supria o consumo local — o litoral, por sua vez, produzia cana, que era exportada. Os índios escravizados eram envolvidos no plantio e na entrega desse trigo.

O transporte entre São Paulo e Cubatão era feito a pé, e o resto da viagem até a praia era de canoa. O primeiro trecho levava três ou quatro dias — além de carga, os índios transportavam também os portugueses, que reclamavam, que coisa chata, da interminável viagem em desconfortáveis redes. *First world problems*. "Dá para chacoalhar menos?"

Durante o auge da produção de trigo em São Paulo, entre 1630 e 1680, o fluxo ali era intenso. Tanto que ele só foi interrompido duas vezes no século 17: por um surto de sarampo que fez faltar índio e por uma onça feroz à solta que deixou todo mundo assustado (sim, está nos livros).

Como é que os bandeirantes capturavam os índios? Chegavam lá descendo a porrada, botavam todo mundo no chão com suas técnicas de krav maga e, como diria o supracitado pensador pindamonhangabense Geraldo Alckmin, decretavam que "quem não reagiu está vivo"?

Nada disso. Eles usavam uma arma poderosíssima: a cachaça.

Um senhor de engenho deixou para a posteridade esta bem construída frase: "Esta gente [os índios, no caso] é muito afetuosa à aguardente; por consequência, fazemo-lhe o presente dela para mais os acarinhar."

Os bandeirantes entregavam a bebida, e os índios entregavam uns aos outros, especialmente de tribos inimigas já capturadas, mas às vezes até parentes e amigos. Vai a sogra, fica a Velho Barreiro. O jesuíta Pedro Correa reclamou que, depois que os bandeirantes apareciam com bebida, "os índios andam sempre a beber vinho pelas aldeias, ordenando guerras e fazendo muitos males, o que fazem todos os que são muito dados ao vinho por todas as partes do mundo".

Primeiro, não é verdade que as guerras começaram depois que os bandeirantes apareceram com o goró. Os índios já eram briguentos entre si desde sempre, como de resto todas as outras sociedades humanas.

Além disso, não era bem vinho que os índios estavam bebendo. Se fosse vinho, inevitavelmente surgiria logo a detestável figura do índio sommelier, vendo notas cítricas e tons tostados em tudo, coisa que os bandeirantes não tolerariam — pergunta pro Raposo Tavares o que ele acha de degustações de vinho ou se ele está interessado em uma assinatura do clubewine.com para você ver o que acontece.

Raposão, aliás, se meteu em uma das maiores roubadas da história do Brasil. Acabou se empolgando em uma expedição e foi parar no Pará (!), depois de três anos de viagem (!). Das mil pessoas que partiram, só sobraram na chegada menos de cem — e, segundo as sempre bonitas e otimistas palavras do padre Antônio Vieira, "os que restaram pareciam mais desenterrados do que vivos".

Esse foi um caso extremo, mas a imagem do bandeirante bonitão, de botas, fortinho, vestuário Hugo Boss, fã da obra de Vivaldi e com pose de quem está tirando foto para o Instagram que a gente vê em representações por aí é absolutamente mentirosa. Os bandeirantes:

1) andavam para cima e para baixo descalços e malvestidos;
2) eram menos brancos do que nos quadros, já que a maioria era mestiça, de mães indígenas;
3) tinham alimentação bastante restrita, então aquele corpulento Borba Gato da estátua, com cara de quem malhava até os glúteos, não procede;

4) falavam, em sua maioria, algo parecido com o tupi, a chamada "língua geral paulista", que era o que se usava nas ruas de São Paulo. A língua só veio a ser proibida pela Coroa portuguesa no século 18, estabelecendo-se a obrigatoriedade do português.

Quem "photoshopou" os bandeirantes foram os paulistas do final do século 19 e começo do século 20. O estado ganhava importância por causa do café, e romantizar o papel dos bandeirantes ajudava a reforçar a centralidade de São Paulo na história do Brasil. O governo estadual chegou a financiar obras de arte que envolvessem os bandeirantes, e eles serviram de inspiração para os constitucionalistas de 1932 e sua defesa do protagonismo paulista.

Diga-se, em defesa dos bandeirantes, que eles tinham algo admirável de transgressão contra a Coroa, de autodeterminação paulista. Embora suas atividades estivessem em alguma medida alinhadas com os interesses portugueses, como expandir o território ou "integrar" os índios, eles não estavam nem aí para as ordens alheias. Um governador-geral, incomodado por ser repetidamente ignorado, reclamou que os bandeirantes eram gente "sem Deus e sem lei", que era exatamente o que estava escrito no adesivo que Fernão Dias grudou na traseira do seu Opala.

O grande legado dos bandeirantes, porém, mais do que nomes de rodovias, foi a descoberta de ouro onde hoje fica Minas Gerais.

O OURO ACABOU, MAS TEMOS VIÚVAS

Com a descoberta de ouro, por volta de 1700, Minas Gerais logo se tornaria a província com a maior população do Brasil. Surgiria, pela primeira vez, uma vida social urbana mais intensa no país. Até então, o Brasil era uma grande roça.

Estabeleceram-se, ao redor das áreas de mineração, comerciantes, médicos, advogados, artesãos e burocratas. A capital seria deslocada de Salvador para o Rio de Janeiro, porto mais próximo da área mineradora.

Foi uma loucura. Portugal até teve que restringir a migração para o Brasil. A população livre por aqui foi de 300 mil habitantes em 1690 para 3 milhões por volta de 1800. Vinham navios e navios da Europa abarrotados, nas palavras do nosso *beloved* Boris Fausto, de "padres, comerciantes, prostitutas e aventureiros". Imagina o que não se passava nesses barcos, ainda mais sabendo que a viagem durava meses e o pessoal acabava criando intimidade. No começo, era só olhar feio de julgamento. No final, já estava todo mundo misturado, combinando de se encontrar, criando grupo no WhatsApp chamado "Só padre & puta", que beleza é a amizade humana.

Essa migração toda faria o português finalmente superar o tupi e se tornar de fato a língua nacional. A frase mais dita na língua de Camões nessa época, porém, não foi "eu tenho ouro, sou ryca e poderosa", como sonhavam os que se aventuraram em Minas Gerais, mas "não era tudo isso".

De qualquer forma, cidades como Mariana e Ouro Preto cresceram muito. O mesmo ocorreu com Diamantina, onde, como o nome diz, foram encontrados diamantes — e, séculos depois, foi composta uma famosa marchinha romântica, a celebrar a monogamia e o amor cristão, que consiste em "Quer terminar? Termina! Eu vou pro carnaval de Diamantina!". Aliás, por algum motivo misterioso, várias dessas cidades, como Ouro Preto e São João del-Rei, tornaram-se depois famosas por suas festas de carnaval, de modo que você sempre pode justificar a viagem alegando interesse histórico no Brasil colonial.

Era tanta gente indo para essas cidades que houve até um conflito entre os bandeirantes paulistas, pioneiros que achavam ter direito sobre o ouro que haviam encontrado, e os forasteiros, tanto da Europa quanto de outras partes do Brasil, que insistiam em chegar.

Foi a Guerra dos Emboabas, de 1707 a 1709. Emboaba, na língua geral, aquela que parece tupi e que os bandeirantes usavam, significa "pata peluda", porque os forasteiros tinham sapatos, e os bandeirantes eram hippies que acreditavam na troca de energias com a natureza e andavam descalços. Ok, eles só eram pobres.

Para melhorar as boas relações entre os dois grupos, começou a faltar comida. Era muita gente chegando e pouca oferta de alimentos. Resultado: os preços explodiram. Em São Paulo, uma galinha custava 160 réis. Em Minas, 4 mil! Conclusão dos bandeirantes sobre os recém-chegados: esse povo veio não sei de onde, insiste nessa mania de querer comer e agora ninguém consegue mais comprar um raio de uma galinha.

Um dos primeiros episódios ocorreu quando, num boteco, uns índios simpáticos aos paulistas estavam enchendo a cara. Diogo de Vasconcelos, historiador e deputado no Império, descreveu a coisa assim: "Viajando por ali uns carijós, entraram a beber na venda de um português recém-chegado do reino; rivalidade era tema assentado de todas as conversas."

Só se falava que não ia dar certo esse negócio de portugueses e bandeirantes se estranhando. O que fizeram então os prudentes carijós quando encontraram um português?

a) Disseram "deixa disso, todo mundo é amigo, vem beber aí com a gente, vamos falar do Corinthians".
b) Perceberam que o clima estava ficando ruim e foram beber em outro lugar.

c) Passaram a imitar o sotaque português e começaram a se chamar de Manuel, tentando se passar por recém-chegados da Europa.
d) Começaram a falar mal de Portugal e dos portugueses.

Mas é óbvio que foi a letra D. Conta-nos Diogão: "Os carijós começam a falar de reinóis [aqueles que vieram do reino, ou seja, de Portugal]. Entre a bebida, houve altercação."

E o que você faz quando se "alterca" com alguém no bar? Claro, mata o cara para não perder a viagem: "No ardor da discussão, foi morto o português pelos carijós, que fugiram para o brejo."

Ou seja, assim como a Primeira Guerra Mundial começou com o assassinato do arquiduque Francisco Fernando da Áustria, em Sarajevo, por um nacionalista iugoslavo, nossa Guerra dos Emboabas começou com o assassinato de um português dono de bar por dois índios bêbados, que fugiram para um brejo. Que país.

Em seguida, os emboabas assassinaram dois líderes paulistas. Seguiram-se diversos conflitos. O líder dos emboabas era um gente boa chamado Bento do Amaral Coutinho, carioca que havia fugido do Rio de Janeiro por estar condenado por roubo de escravos. Na batalha final, conhecida como "Capão da Traição", os paulistas foram cercados e solicitaram a trégua — entregariam as armas com a condição de que teriam suas vidas preservadas. Bento concordou e prometeu que nada seria feito com eles. Quando os paulistas se renderam, Bento mudou de ideia e mandou matar os trezentos inimigos capturados...

Enquanto isso, continuava chegando gente de todo lado em Minas Gerais. Apesar desse povo todo, quem trabalhava mesmo, para variar, eram os escravos.

Era muito pior que nas plantações de cana. Se estavam buscando o tal ouro de aluvião, ficavam em geral com os pés dentro do rio, com água pela canela ou pelo joelho. Se estavam dentro de túneis cavados nos morros, sofriam com o calor ou com desmoronamentos que matavam todo mundo. Como você deve imaginar, não eram exatamente engenheiros sul-coreanos que estavam lá para construir as minas, e no começo ninguém sabia direito o que estava fazendo. Faço um adendo ao que escrevi parágrafos acima: talvez uma das frases mais comuns fosse algo como "puta que o pariu, desabou a porra toda".

Há quem teorize que esse gosto por botar os outros para fazer o trabalho braçal, fossem escravos ou posteriormente os mais pobres, marcou os hábitos da sociedade brasileira até hoje. Há uma cena na série *House of Cards* em que o deputado e depois presidente Frank Underwood está em casa conversando com a mulher enquanto ela lava a louça. Como brasileiro, a primeira pergunta que vem à cabeça é esta: desde quando um político importante ou sua mulher lavam a louça?

Os portugueses andavam muito preocupados com o que estava acontecendo em Ouro Preto e na região. Era difícil saber o que era mais comum: minerador sonegando imposto ou padre transando.

Dessa forma, o rei de Portugal nomeou um pobre coitado, dom Pedro Miguel, como governador de Minas Gerais. Sua missão: ir até as áreas de mineração para 1) promover a moralização do clero, que estava envolvido em transgressões ao celibato e no tráfico de ouro, e 2) garantir a cobrança dos 20% de tributação sobre o ouro para a Coroa, o famoso "quinto", coisa que ninguém respeitava.

Dom Pedro não foi exatamente, como se pode imaginar, recebido com flores e chamegos. Pela primeira vez se falou em independência. Desenhou-se uma resistência, mas ela foi rapidamente sufocada, e seu líder, Filipe dos Santos, teve a cabeça decapitada e pendurada num poste — veja que a única coisa contínua na nossa história são as cabeças penduradas em postes. Os portugueses reforçaram a presença militar na região, garantindo os impostos e estragando (um pouco) a festa dos padres, para o alívio dos coroinhas locais.

Sonegar imposto, porém, é uma tradição nacional que nunca se perdeu. Indício disso é, repare, a quantidade de gente que ainda paga supermercado e outras despesas em dinheiro vivo. "CPF na nota, senhor?" "Jesus amado, nem brinca com isso."

Muitos jogadores de futebol, aliás, ficariam famosos por casos envolvendo sonegação ou dívidas com governo. Neymar é um exemplo conhecido. Mas mestre mesmo foi Ronaldinho Gaúcho, que devia R$ 8,5 milhões em indenizações ambientais para o governo do seu estado. Quando a Justiça mandou bloquear sua conta bancária, encontraram... 24 reais, apenas. Olha pra um lado, fez a TED pro outro, que gênio insuperável do drible.

De volta a Minas Gerais, a febre do ouro durou uns setenta anos, até que... bom, um dia o ouro acabou. Algumas poucas famílias enriqueceram (e mandaram seus filhos para estudar na Europa), e o Estado português experimentou algumas décadas de abundância nas finanças públicas. Mas estamos aqui subdesenvolvidos até hoje, de modo que os índios mataram o português do bar e não adiantou muita coisa.

Uma consequência da decadência do ouro em Minas Gerais, porém, foi a eclosão da Inconfidência Mineira. O governo português resolveu aumentar a cobrança de impostos, como forma de contrabalançar a perda de arrecadação causada pela queda na produção de minérios. Um grupo que pertencia à elite mineira, inspirado pela independência americana, resolveu que queria transformar Minas Gerais em uma república — a maior parte tinha grandes dívidas a essa altura com o Tesouro Real, o que mostra que às vezes a gente busca fazer a revolução mais para resolver nossos problemas financeiros do que por acreditar em um mundo melhor.

A única coisa mais concreta que fizeram foi criar a bandeira da nova república, que hoje é a bandeira de Minas Gerais, aquele triângulo horrível onde se lê "Libertas Quæ Sera Tamen", que em latim significa "Pão de queijo, férias no Espírito Santo e fixação masoquista em votar no Aécio Neves".

A conspiração foi desmantelada em 1789, antes que qualquer um pegasse em armas, por causa de um dedo-duro chamado Joaquim Silvério dos Reis, que denunciou seus companheiros de revolução em troca do perdão de suas dívidas com a Coroa. Era o que todos queriam, afinal, não?

Silvério passou o resto da vida sendo ameaçado. Chegaram a tacar fogo na sua casa. "Me vejo cercado de inimigos, sempre vivo em aflição e desconfiança", disse. Tadinho.

No final, o único condenado à morte foi Joaquim José da Silva Xavier, o Tiradentes, o mais pobre, que assumiu a culpa, um dos únicos que não tinha entrado nessa buscando dar calote nos portugueses.

Tiradentes tinha tentado ser militar, representando os interesses do governo português em Minas Gerais, mas ficou magoado porque passara treze anos como alferes (um cargo subalterno) sem promoção nem aumento de salário. Chegou a reclamar que a única explicação possível para isso era que os outros eram, nas suas palavras, "mais bonitos", como apontou o historiador Kenneth Maxwell — Tiradentes não era um cara com muita autoestima.

Tem gente que, quando acha que é feio, entra na academia, faz dieta, paga um corte de cabelo mais caro, refaz o guarda-roupa na Zara. Tiradentes resolveu acabar com o sistema colonial...

Aliás, todas as representações que você já viu de Tiradentes — aquela coisa barbuda, cabeluda, mezzo Jesus Cristo, mezzo surfista australiano, "gata, eu e você de férias velejando nas ilhas Fiji" — são absolutamente falsas. Isso foi inventado já no século 20, quando a

República precisava criar algum herói. Ele tinha o cabelo bem curto, já estava meio grisalho e careca, além de ostentar um bigodinho à moda Companhia do Pagode que o habilitaria para um cargo de cobrador de ônibus na linha 809D — Cohab Educandário.

Depois de deixar de ser militar, Tiradentes se arranjou como dentista, o que lhe permitiu fazer amizade com os ricos da região. Deu no que deu.

O governo português montou todo um circo para enforcar Tiradentes. Ele saiu em procissão pelas ruas do Rio de Janeiro, e o cortejo tinha até banda. (Uma banda militar, não o Araketu, né.) Depois teve a leitura da sentença, que durou nada menos do que dezoito horas, tornando a morte de Tiradentes uma tortura não apenas para ele, mas também para o público.

O condenado já não aguentava mais. Inventaram depois que as suas últimas palavras foram "cumpri minha missão, morro com a liberdade", mas vários relatos apontam que a última coisa que ele falou para o carrasco, na verdade, foi um poético "seja rápido". E foi-se. "A forca é o mais desagradável dos instrumentos de corda", diria o barão de Itararé.

Sua cabeça também ficou em exposição em praça pública, mas aqui é Brasil, de modo que a cabeça foi roubada e nunca mais encontrada. Ainda usaram o sangue de Tiradentes para lavrar sua certidão de morte, o que mostra que esse povo não era muito dado a ter nojinho das coisas.

Depois da execução de Tiradentes, ainda houve um pouco comentado barraco envolvendo o herói que poderia ter sido tema de um episódio do programa vespertino *Casos de família*.

O que acontece é que apareceu uma tal de Antônia Maria do Espírito Santo, dizendo-se órfã e pobre, alegando que Tiradentes havia... bom, eis como a coisa apareceu no documento judicial da época:

"Diz Antônia Maria que estava vivendo com toda a honestidade e recato quando a principiou a aliciar o alferes Joaquim José da Silva Xavier, o qual debaixo de palavra de honra e promessas esponsalícias lhe ofendeu a pudicícia, de cuja ofensa resultou conceber e dar à luz um feto do mesmo alferes."

Em outras palavras: Antônia Maria estava lá, em honestidade e recato, vendo Netflix no sábado à noite, quando apareceu o Tiradentes prometendo casamento, casa com quintal e cachorro, jantar no Alex Atala, aquelas coisas que os homens dizem, mesmo os feios. Antônia acreditou na "palavra de honra" do sujeito e abriu o coração e mais algumas coisas para a sua morada. Surpreendeu-se quando Tiradentes não apenas não quis casar como posteriormente deu de ser enforcado em praça pública — isso é que é dar um perdido!

Antônia tinha entre 16 e 17 anos quando engravidou, e Tiradentes já tinha uns 40. Ele assumiu a filha, que se chamava Joaquina.

O que levou Antônia Maria a procurar a Justiça era tão somente uma escrava que Tiradentes teria dito que doaria a ela, mas que fora confiscada pelo governo por ocasião da condenação do inconfidente. "A suplicante é uma miserável órfã", dizia a petição. Tiradentes, Tiradentes...

Um amigo de Tiradentes foi chamado como testemunha ao processo, e ele confirmou que o enforcado lhe havia "comunicado a amizade ilícita que tratava com Antônia, sendo que ele a havia deflorado e que de fato lhe havia dado uma preta" — veja o contraste entre o pudor para falar de sexo e a falta de pudor para falar dos escravos...

Com quem Tiradentes queria mesmo casar era com uma moça chamada Maria, filha de portugueses bastante ricos que moravam em São João del-Rei, mas os pais da moça não quiseram nem ouvir falar na ideia, imagine, um pé-rapado. Provavelmente esse episódio reforçou a má vontade de Tiradentes com os portugueses.

Tiradentes, de qualquer forma, também não estava com essa vontade toda de casar. Segundo o historiador Márcio Jardim, que publicou um livro sobre a Inconfidência Mineira pela insuspeita Biblioteca do Exército, o mineiro era boêmio (e quem não foi, nesta história do Brasil movida a álcool com que nos deparamos?) e chegado a um puteiro. Certa vez, uma prostituta comentou com ele que queria colocar "seu filho como soldado do Regimento de Cavalaria, mas, é claro, deveria estar enfrentando obstáculos". O generoso Tiradentes, todo pimpão, disse para a mulher ficar tranquila, que eles iam derrubar o governo e então ele mesmo arrumaria o emprego desejado para o literal filho da puta.

Quando viajava, tinha "certa preferência por se hospedar em casas de senhoras viúvas", aparentemente tendo encontrado aí um, digamos, nicho de mercado. Ou seja, na verdade nosso herói nacional era um tarado de velório.

Além de certa alegria para viúvas saudosas de algum balanço, Tiradentes nos legou um feriado em abril e, por incrível que pareça, pensões especiais do INSS para ao menos onze trinetos, sancionadas primeiro pelo governo militar e depois por Sarney e Fernando Henrique Cardoso, porque parece que no nosso país há algum mérito no fato de a sua tatatataravó ter transado com um suposto herói da pátria.

Quem faria o Brasil deixar de ser colônia seria um grande herói... francês, chamado Napoleão Bonaparte, que nunca na vida pisou aqui.

Império

CORRA QUE NAPOLEÃO VEM AÍ

Em 1807, Napoleão, imperador da França, estava tocando o terror na Europa e tinha a Inglaterra como sua grande inimiga. Fez chegar a Portugal a sua mensagem: os portugueses deveriam declarar guerra à Inglaterra, fechar seus portos aos navios da nação inimiga e deter todos os ingleses que estivessem dando bobeira no país. Caso contrário, a chinela ia cantar — ou "la pantoufle chanterait", como disse Napoleão mais precisamente, "the flip-flop would sing".

(Atenção: séculos depois, o imperador do Brasil e cantor popular Daniel iria cunhar a expressão "hoje a jiripoca vai piar", que está para o Brasil assim como "liberté, egalité, fraternité" está para a França, mas é fundamental evitar confundir esses dois importantes momentos históricos.)

O problema é que Portugal não tinha como declarar guerra à Inglaterra, seu maior parceiro comercial e, no fim do dia, único aliado poderoso e confiável que a Coroa portuguesa tinha. O jeito foi a corte portuguesa fugir para o Brasil.

A fuga só deu certo por muito pouco. Parece coisa de filme: os portugueses tentaram ir embora no dia 28 de novembro, mas não foi possível, porque o vento estava soprando para o lado errado. Conseguiram finalmente partir logo cedo no dia 29 de novembro, quando as tropas francesas pernoitaram a apenas 66 quilômetros de Lisboa — ou seja, os portugueses embarcaram com Napoleão no seu cangote, o que não deixa de ser uma imagem sensual.

No dia seguinte à partida, 26 mil soldados franceses chegaram à cidade, deparando-se com um batalhão da cavalaria portuguesa, cujos muito corajosos integrantes imediatamente se renderam, pediram desculpas por qualquer coisa e fizeram juras de amor a Napoleão e suas tropas. "Estes são os meus princípios. Se você não gosta deles, eu tenho outros", como disse Groucho Marx.

Vieram de Portugal mais de 15 mil pessoas, para você ver quantos puxa-sacos e funcionários orbitam uma monarquia. Foram cerca de vinte embarcações, protegidas por navios britânicos. Eles chegaram à Bahia mais de um mês e meio depois, em 22 de janeiro, desembarcando no Rio apenas em 8 de março de 1808.

A viagem foi um horror. Atenção você, leitor da classe média sofrida, que foi para Paris com a promoção da Air China e ficou chateado que só tinha filme chinês para assistir, ó, que drama. A travessia da família real foi bem pior. Além dos tradicionais ratos de navio, ela foi marcada por uma infestação de piolhos, que fez todas as mulheres terem que raspar o cabelo — e nem venha dizer que a classe econômica da Air China estava quase nesse nível que a gente sabe que você é exagerado.

Quando a Corte chegou ao Rio, um monte de gente teve as suas casas confiscadas, sem indenização, pelo governo português para abrigar essa gente toda. A família real foi ficar no palácio do então vice-rei responsável pelo Brasil, espécie de gerentão nomeado para tocar os interesses da Coroa por aqui. Sobrou até para um convento de carmelitas, que foram tocadas dali.

Para o Brasil, no final, acabou sendo bom. A presença da família real no país obrigou certa civilização dessa terra bagunçada. Afinal, agora o Rio era a sede do império português.

A coisa até então era bem nojenta. Vou te contar um segredo: no Brasil Colônia, não havia esgoto. Mas as pessoas não tinham consideração por esse fato e cagavam mesmo assim. Onde? No peniquinho. E quando enchia? Bom, não ia deixar fedendo dentro de casa, né? Seria falta de higiene. De modo que se atirava a merda pela janela.

Mas calma. Havia uma ética na defenestração de cocô. Um protocolo. O proprietário da obra deveria, imediatamente antes de atirá-la à rua, berrar "lá vai água!", que todo mundo sabia que não era bem água, de modo que os pedestres pudessem correr para algum lado e sair da linha de tiro. Havia certa emoção naqueles tempos saudosos que não voltam mais.

De qualquer forma, sempre há alguém mais distraído, algum transeunte com fones de ouvido a escutar um Jorge e Mateus em volume mais elevado do que o bom senso recomendaria, ou algum cagão imprudente que avisou sobre a "água" muito em cima do seu disparo. De modo que eram frequentes relatos de pedestres "abatidos" por excrementos voadores. Acontece, sabe como é, não vamos brigar por isso.

Mesmo que houvesse o cuidado de não acertar ninguém, meu Deus, estávamos jogando fezes humanas na rua, e não é que o pessoal estivesse tomando Activia Fezes Odor Lavanda®. As ruas ficavam extremamente fedidas. Algumas eram até conhecidas por isso. Havia um beco no centro de São Paulo, junto ao Pátio do Colégio, conhecido simplesmente como Beco da Merda. O brasileiro é um povo cordial.

(Depois — parece piada, mas não é —, o beco deixou de ser da merda e virou o Beco do Pinto, não porque lá eventuais interessados pudessem encontrar com facilidade tal utensílio, mas porque o brigadeiro José Joaquim Pinto, o Zé Pinto, era dono de um sobrado por ali.)

De quando em quando, apareciam uns escravos para tirar os excrementos e jogar no mar. Eles eram conhecidos como "tigres", não se sabe exatamente o motivo. Segundo Laurentino Gomes, "durante o percurso, parte do conteúdo desses tonéis, repleto de amônia e ureia, caía sobre a pele e, com o passar do tempo, deixava listras brancas sobre suas costas negras" — por isso, tigres. Outra explicação é que a população, ao ver esses escravos passando, desviava como quem estivesse fugindo de um animal selvagem. De modo que, no Brasil do passado, "cuidado com o tigre" tinha outra conotação.

Desnecessário dizer que essa festa do cocô tinha seus impactos sobre a saúde pública. O livro *Doenças e curas: o Brasil nos primeiros séculos*, de Cristina Gurgel, traz um rol de problemas comuns da época que parece música do Titãs: varíola, hanseníase, sarna, tifo, malária e sarampo, além de, claro, constantes disenterias.

Já em 1799, pouco antes da chegada da família real ao Brasil, o país, com cerca de 3 milhões de habitantes, não tinha mais de doze médicos formados — todos importados.

"No Brasil Colônia, então, formou-se uma pequena multidão de curandeiros, benzedeiras e rezadores que tentavam suprir a absoluta carência de profissionais habilitados", segundo Cristina Gurgel.

Para piorar, quando aparecia um "profissional habilitado", era um idiota.

Um bonitão chamado João Ferreira Rosa, por exemplo, era um médico português que chegou ao país em 1690 e, do alto do seu conhecimento científico, recomendou uma importante política de saúde pública: expulsar as prostitutas, porque elas ofendiam a Deus, que poderia querer se vingar.

Não era só Ferreira Rosa, de qualquer forma. Os remédios daquela época envolviam ingredientes como fumo, fezes de cavalo, aguardente e, está documentado, pólvora (!). Imagine a cena do sujeito que chegou ao bar, pediu, com voz de macho, aguardente com pólvora e justificou, não querendo se gabar: é recomendação médica.

O que me lembra a história do jornalista mineiro Ramon Garcia Y Garcia. Contratado pelo *Jornal da Tarde* nos anos 1960, tinha que fazer exame médico admissional. O médico lhe fez a pergunta de praxe: "O senhor bebe?" Ao que Ramon respondeu: "Obrigado, doutor, antes do almoço não me cai bem. Mas o senhor pode se servir..."

A vinda da família real teve o efeito colateral de melhorar um pouco a situação do país. No campo da saúde pública, foram abertas duas escolas de medicina, o que não era nada, mas já era alguma coisa.

Criou-se no Rio a Biblioteca Real, o Jardim Botânico e o Museu Real, hoje Museu Nacional. Passou-se a permitir o comércio internacional (com as "nações amigas", a Inglaterra basicamente, mas também já era um grande avanço) e a criação de indústrias no Brasil. Passou a existir a Imprensa Nacional, que publica até hoje o *Diário Oficial*, e uma fábrica de pólvora, de modo que agora você poderia se tratar utilizando medicamento nacional. Talvez o mais importante, foi criado o Banco do Brasil, que quebraria pela primeira vez já em 1829, e nessa época nem tinha o PT nomeando gente em estatal ainda.

Para mostrar para os franceses quem é que mandava nesse negócio, ainda invadimos a Guiana Francesa — foi meio ridículo, pouco mais de mil soldados portugueses contra quatrocentos representando os franceses; você já viu brigas de torcida de futebol mais animadas do que isso. Uma vez ocupada a Guiana, estabeleceu-se a pergunta inevitável: "E agora, o que a gente faz com essa merda?", de modo que em 1814 a região seria devolvida aos franceses. (Embora tenhamos ficado, até hoje, com um pedaço do território.)

É bastante provável que, sem a vinda da Coroa em 1808, o Brasil tivesse se desintegrado, assim como a América espanhola, em vários diferentes países — a presença do rei fortaleceu o poder central.

Dessa forma, por exemplo, é possível que o Rio Grande do Sul fosse um país independente, e se sediasse a Copa do Mundo talvez tivéssemos a honra de presenciar um clássico Irã x Nigéria a partir do estádio municipal de Passo Fundo, que provavelmente era mais ou menos o que Schopenhauer tinha em mente quando escreveu que "a vida oscila entre a dor e o tédio em um processo constante de morte".

Na verdade, o historiador, estudioso e desocupado Roderick Barman, da Universidade da Colúmbia Britânica, que fica no Canadá, onde aparentemente eles não têm muito mais o que resolver, escreveu especulando que seriam quatro países:

1) o Rio Grande do Sul, cuja cultura consistiria em eternamente lamentar que o mundo não tenha reconhecido a genialidade da rima "deu pra ti, baixo-astral, vou pra Porto Alegre, tchau", que só por uma conspiração de invejosos não rendeu um Nobel da Literatura para Kleiton & Kledir;
2) São Paulo, Rio, Minas, o resto do Sul e o Centro-Oeste, caracterizado por ser uma joint venture do PCC com o Comando Vermelho, com uns jacarés pantanenses para dar uma quebrada no cenário;
3) o Norte mais o Maranhão, sem o Acre, que não teria sido comprado da Bolívia, uma bizarra mistura de índios e Sarneys;
4) o Nordeste, exceto pelo Maranhão, onde Carlinhos Brown seria imperador e o hino seria Tchakabum — "Dança da mãozinha".

Perceba que nos lembramos até do Acre, mas esquecemos o Espírito Santo, este estado de que ninguém lembra nem mesmo quando é para citar um estado de que ninguém nunca se lembra.

Mas, como sabemos, especulação sobre que caminhos o passado poderia ter tomado ("e se...?") é um troço meio inútil, uma vez que não há como testar as hipóteses, ou seja, é possível falar qualquer bobagem. Ou, como disse Confúcio, "se minha mãe tivesse tido um pênis, eu a teria chamado de papai, mas e daí?". Ok, ele nunca falou isso. Mas poderia.

Na capital, os portugueses não gostavam dessa coisa de banho de mar, futevôlei, mate com coliformes fecais e outras tradições de Copacabana, Ipanema e adjacências. De modo que o desenvolvimento urbano inicial do Rio se deu de costas para o oceano — a zona sul só seria ocupada para valer no século 20. A partir de 1950, se tornaria a zona sul que a gente conhece, cheia de bares, gente meio desocupada e arrastões esporádicos para dar uma animada. Felizmente, porque se não fosse assim o cartunista Jaguar, talvez o bêbado mais notório da zona sul carioca, onde passou seus mais de 80 anos, não teria dado este poético título para seu livro de memórias: *Ipanema, se não me falha a memória*.

Apesar do pouco caso com o mar, a chegada da Coroa significou um grande avanço urbanístico no Rio de Janeiro, com abertura de avenidas, iluminação e novos prédios públicos. Trouxeram até uma missão artística francesa para o Rio, com pintores, escultores e arquitetos, gente mais sensível que não devia ser exatamente entusiasta de cocô se acumulando na rua.

Eu estou aqui escrevendo sobre a Coroa, assim, de modo genérico, mas é importante apresentar as pessoas que a compunham.

O príncipe-regente (e depois rei) era dom João VI, um pobre coitado que só se deu mal na vida. Para começo de conversa, não era para ele ter sido rei, nem ele esperava por isso. Seu irmão mais velho, José, vinha sendo preparado desde a infância pelos melhores tutores para assumir a posição, apresentado desde cedo aos clássicos do pensamento político, enquanto João só lia gibi da Mônica. Mas José morreu aos 27 anos, de varíola, e sobrou para João.

A morte precoce do irmão colaborou para que a mãe deles, Maria I, tivesse problemas mentais, fato que o povo de Portugal recebeu com piedade e compreensão, logo apelidando-a de "Maria, a Louca".

Textos da época descrevem Maria, a primeira mulher a ocupar o trono português, como "vítima de grandes dores no estômago, insone e melancólica". Os sofrimentos da dor no estômago e da insônia incomodavam mais a própria Maria, mas quem sofria com a melancolia era o pessoal que habitava o palácio, que não aguentava mais a velha ouvindo Joy Division madrugada adentro, "love will tear us apart again" e again e again.

Bom, a coisa foi piorando, em um processo que um ministro da época resumiu assim, em carta a um embaixador português: "É com grande tristeza que o informo de que Sua Majestade está a sofrer de uma aflição melancólica que degenerou em insanidade, até ao que se receia que seja o delírio total." Ou seja, a rainha ficou mais louca que o padre do balão, mais louca que a Glória Maria na Jamaica.

Muito religiosa, Maria passou a ter um paranoico medo do inferno e desesperava-se ao ter delírios em que via a imagem do pai abraçado com o capeta, por ter perseguido os jesuítas quando vivo e rei.

A louca chegou a banir os músicos reais, porque a música seria uma artimanha do tinhoso para seduzir as almas a pecar — e olha que ela nunca tinha ouvido aquele maravilhoso axé que diz "joga ela no meio, mete em cima, mete embaixo, depois de nove meses você vê o resultado", que as crianças brasileiras dos anos 1990 dançavam absolutamente despreocupadas. (Ver WASHINGTON, Cumpadi; JAMAICA, Beto; JACARÉ, Só Jacaré Mesmo; PEREZ, Carla et al. "Pau que nasce torto", in *É o Tchan!*.)

Considerando o medo que a rainha tinha do Lúcifer, um bom hino para o império português dos tempos dela seria, aliás, "na casa do Senhor não existe Satanás, xô Satanás! Xô Satanás!'". Pena que ninguém teve a ideia.

Nem a vinda para o Brasil resolveu a melancolia depressiva da rainha — não, ela não se rendeu ao nosso pagodão, não tatuou "ousadia e alegria" no braço nem passou a frequentar os churrascos organizados pelo Ronaldinho Gaúcho, infelizmente. De modo que não teve jeito.

Com a mãe batendo a nave, portanto, e com o irmão a esta altura devidamente apresuntado, sobrou para Joãozinho assumir a regência de Portugal.

Foi bem ruim.

Para começar, ele foi obrigado, como vimos, a fugir de Portugal quando sentiu o bafo de Napoleão se aproximando.

Além disso, era casado com uma moça chamada Carlota Joaquina, filha do rei da Espanha. Dom João VI e Carlota Joaquina compuseram provavelmente o casal mais feio que já existiu. Ele era baixinho, barrigudo e assimétrico. Ela era peluda e bigoduda. Ou seja, ele parecia um César Menotti desfigurado e ela parecia um invasor viking. Que dupla: morram de inveja, Fernanda Lima e Rodrigo Hilbert.

Joaquina foi acusada várias vezes de conspirar contra o próprio marido, tentando tomar-lhe o poder, entregando o Brasil e Portugal para a Espanha. Nem o povo nem dom João VI iam com a sua cara, e ela entrou para a história como uma megera traidora do Brasil.

Mas calma aí.

Carlota Joaquina gostava — não é piada — de chá de maconha, de tomar banho pelada na praia e de transar com todo mundo que aparecia na sua frente. Como diz o jornalista Eduardo Bueno, tem como não amar essa mulher?

Ela deu para quase todo mundo no palácio, dos cocheiros aos seguranças, e também fora do palácio. Dom João VI sabia e oscilava entre o corno magoado, a chamá-la de "puta", e o corno manso, "deixa isso quieto", conforme a Classificação Internacional da Cornitude. Afinal, corno e broxa todos nós homens seremos em algum momento na vida, refletia o monarca. Exceto, claro, o Ziraldo, que em uma famosa entrevista para a *Playboy* disse nunca ter broxado e acabou ouvindo do Jaguar, ao encontrá-lo em um bar no Rio, bela frase motivacional: "Ziraldo, você não sabe o que está perdendo!"

Nos momentos corno manso, corno amável, corno do bem, dom João VI conseguia até emprego para os amantes da mulher. Um deles virou diretor de uma unidade de alfândega, outro virou diretor do Banco do Brasil, outro ganhou um pedaço de terra para cuidar em Niterói...

Não tinha sido fácil para Carlota também. Foi entregue em casamento pelo pai quando ainda tinha apenas 10 anos e dom João VI já era um chinelão de 18 anos, embora diga-se que eles a esperaram completar 15 anos para "consumar" a união. Mesmo assim, não deixa de ser um absurdo, por mais contexto histórico que se tente colocar. (Barbárie é quando aterrorizaram meus avós; contexto histórico é quando aterrorizaram os seus.)

Enquanto a corte espanhola era divertida e festiva, o mundo que cercava a família real portuguesa era ultracatólico e tedioso. Não tinha vinho, não tinha música, não tinha dança, não tinha transar com o cozinheiro na copa, enfim, não tinha nenhuma dessas tradicionais diversões banais da vida.

Além disso, Carlota gostava de circular, falar, provocar — estava longe de ser "bela, recatada e do lar". Desnecessário dizer que isso horrorizou a aristocracia e depois o povo português, que a queria no seu devido lugar.

A coisa ficou pior quando se espalhou a notícia de que apenas cinco dos seus nove filhos eram mesmo de dom João VI, embora ninguém saiba direito, porque na época não tinha teste de DNA nem programa do Ratinho — dom Pedro I, até onde se sabe, era mesmo filho de dom João VI.

A raiva que a sociedade sentia dessa mulher livre faz com que a gente até suspeite das descrições sobre ela feitas. A mulher de um general daqueles tempos, por exemplo, escreveu que Carlota se destacava por "sua fealdade, seus cabelos sujos e revoltos, seus lábios muito finos e arroxeados adornados por um buço espesso e seus dentes desiguais". Que rancor, não? Por que tanto ódio? Qual a chance de Carlota ter seduzido esse maridão aí? Altíssima, até pela continuação dos relatos deixados pela amargurada: "Não podia convencer-me de que ela era uma mulher e, entretanto, sabia de fatos nessa época que provavam fartamente o contrário."

O escritor Otávio Tarquínio de Sousa descreveu Carlota como "quase horrenda, ossuda, quase anã, uma alma ardente, ambiciosa, inquieta, sulcada de paixões, sem escrúpulos, com os impulsos do sexo alvoroçados". Veja que, para Otávio, ser ambiciosa, inquieta e gostar de transar eram coisas que se enquadravam na mesma categoria de ser ossuda e quase anã.

A certa altura Carlota e o marido passaram a viver separados, encontrando-se apenas em ocasiões públicas quando isso era estritamente necessário.

Quando o marido voltou para Portugal, em 1820, como você verá no próximo capítulo, Carlota também voltou, mas continuaram separados — dom João logo a exilou para um palácio em Queluz, espécie de Diadema de Lisboa, só que sem os manos.

Foi em Queluz que Carlota morreu solitária, aos 55 anos, após ter passado alguns anos tentando encontrar aliados para tirar o marido do poder, em aberta conspiração golpista.

Mas quem dera Carlota Joaquina fosse o maior problema de dom João VI.

O REI QUE DESENHAVA PINTOS

Em 1815 o Rio de Janeiro foi declarado oficialmente a capital do Reino Unido de Portugal, Brasil e Algarves — ou seja, o Brasil deixou de ser colônia para se transformar em sede do império. Com a morte de Maria, a Louca, aquela que tinha medo do diabo, João VI virou oficialmente o rei.

João VI, esse homem de sorte, logo percebeu que não era exatamente a pessoa mais querida do mundo.

Se você mora em São Paulo, certamente já ouviu falar no frei Caneca, que dá nome à rua mais gay da cidade, única região do país onde a religião com maior número de praticantes é o culto à Lady Gaga.

Frei Caneca foi um líder da Revolução Pernambucana, que eclodiu em 1817. Seu nome original era Joaquim Rabelo, mas o pessoal acabou chamando o rapaz de Caneca porque seu pai fabricava tais utensílios.

Frei Caneca e outros padres se irritavam com os crescentes impostos pagos para manter um monte de vagabundos ligados à Coroa no Rio de Janeiro. Sustentavam, por exemplo, a iluminação pública na capital, enquanto no Recife ficava tudo escuro — e não venha falar em "clima intimista" ou outra bobagem hipster dessas, porque só quem deu de cara com o poste na madrugada sabe a dor que é.

Os padres tinham lido sobre as revoluções Francesa e Americana e resolveram que iam fazer igual. Junto com alguns militares, chegaram a tomar o palácio do governo de Pernambuco e a proclamar uma república. Convocaram uma assembleia constituinte (!), estabeleceram que o Legislativo e o Judiciário seriam independentes e determinaram a liberdade de imprensa, coisa jamais vista nestas terras tropicais.

O povo pernambucano se empolgou, e para apoiar o movimento trocou o vinho das missas por cachaça, mais patriótica — aí sim a revolução engrenou, "um trago pelo meu país", movimento bonito.

O problema é que fora de Pernambuco pouca gente se empolgou.

Um sujeito chamado padre Roma, que ou era muito macho ou tinha se passado na cachaça patriótica, resolveu ir até a Bahia para espalhar a palavra sobre a revolução e a República.

Chegando a Salvador, não deu tempo nem de conhecer o Lázaro Ramos: padre Roma foi imediatamente fuzilado pelas forças monárquicas lá estabelecidas. Não teve chance nem de mandar o tradicional "calma, pessoal, era brincadeira, vamos conversar, também não vamos levar pro lado pessoal..." que a gente sempre diz quando proclama a República e de repente se vê cercado por defensores bem armados do antigo regime.

Os padres e aliados brincaram de Thomas Jefferson e Benjamin Franklin por três meses, até que a inevitável reação armada da Coroa chegou ao Recife e passou fogo em todo mundo.

Frei Caneca, curiosamente, não foi morto, ao contrário de vários colegas, mas sim mandado para a cadeia em Salvador, onde aproveitou os tempos de sol quadrado para... escrever um livro de gramática da língua portuguesa, que é o que a gente faz quando é levado em cana. (Poucos sabem, mas o grande gramático Evanildo Bechara foi anteriormente um violento narcotraficante.)

Caneca foi solto, mas continuou se metendo em tudo que era conspiração contra o governo que aparecia (sempre respeitando a norma culta, porém) e acabou fuzilado em 1825 — o muro no Recife onde isso aconteceu ainda está lá, por sinal, e pode ser visitado, se você for alguém que gosta de... er, muros.

Um pedaço de Pernambuco chamado Alagoas se manteve fiel à Coroa e ao fim da revolução foi por isso recompensado com a sua transformação em um estado independente. No futuro, Alagoas daria ao mundo o físico nuclear Renan Calheiros, a cosmonauta Heloísa Helena e o dançarino de balé clássico Fernando Collor, de modo que valeu a pena.

Apesar de reprimida, a Revolução Pernambucana mostrou para João VI que ele não estava imune a revoltas e insatisfações — seu absolutismo não seria assim tão absoluto, digamos. Para piorar, mal a revolta no Nordeste tinha acabado e surgiu outra, mas desta vez em Portugal, no Porto, em 1820.

A essa altura, Napoleão já fora subjugado e preso, após uma campanha militar desastrosa na Rússia e uma reação britânica bem-sucedida contra seu fragilizado exército. O baixinho se deu mal. Apesar disso, João VI vinha governando Portugal à distância, a essa altura acostumado com os verões tropicais do Rio, chegado a uma pizza com ketchup. Lá na Europa, porém, o pessoal não estava tão feliz.

A abertura dos portos do Brasil tinha feito a burguesia portuguesa, antes monopolista do comércio com a colônia, perder muito dinheiro. Os portugueses sentiam-se ainda desprestigiados pela distância do rei. Pegaram em armas, então, para exigir a volta de dom João VI e que outros países fossem proibidos de fazer comércio com o Brasil. Enquanto isso, os rebeldes deram uma Constituição para Portugal, enquadrando o rei na nova legislação. A galera estava meio brava.

Dom João VI viu que ia dar ruim e resolveu voltar para Portugal, em 1821, deixando para trás seu filho, Pedro de Alcântara, então com 23 anos, nascido em Portugal, responsável por ficar tomando conta da biboca.

Os portugueses não se deram por satisfeitos, porém. Mais do que o rei de volta, queriam na prática que o Brasil fosse "recolonizado". Ah, sim, e que Pedro de Alcântara também voltasse, que história é essa?

Mas Pedrinho não queria voltar.

Pedrinho era um perfeito espécime daquela categoria de homens definidos como "pinto louco". Era novinha, era velha, era pobre, era rica, era magra, era gordinha: não tinha tempo ruim. Teve quase vinte filhos, de diversas mulheres — e assumiu todos, num tempo em que isso era raríssimo e em que bastardos não tinham direito a quase nada. Ficou para a posteridade sua frase mais famosa: "Que seja eterno enquanto duro." (Mentira, isso é Vinicius de Moraes. Quase.)

Olha o naipe do tarado: em cartas que enviava para uma das suas amantes, a marquesa de Santos, desenhava felizes pênis a ejacular e chegou a mandar "em anexo" alguns dos seus pelos pubianos. Um romântico. Ah, sim, um dos apelidos que ele utilizava para assinar as cartas era "Demonão". Lembre-se de que ele era neto de Maria, a Louca, aquela católica paranoica que tinha pavor do Satanás, de modo que, veja você, em poucas gerações a expressão "o diabão vai te pegar inteira!" pode mudar radicalmente de conotação.

A marquesa de Santos na verdade se chamava Domitila Mello, e quem inventou esse título para ela foi o próprio dom Pedro — bom, ela se chamava Domitila, quem pode julgar...

O relacionamento deles tinha um probleminha, porque Pedrão era casado.

Ele não era muito chegado na imperatriz Leopoldina, sua mulher, filha do imperador da Áustria, o que era útil para fins diplomáticos, mas que era bastante feia — as pinturas que fizeram dela já mostram uma mulher bastante prejudicada, e considere que o pintor certamente deu uma boa forcinha para melhorar, então imagine o que havia. Há autores que falam na "decepção" do povo carioca quando ela apareceu. Não que dom Pedro também fosse essa Coca-Cola toda... O fato é que ninguém parece ter sido muito bonito nessa época.

As cartas e documentos do período mostram uma imperatriz deprimida com a rotina de traições do marido. Não era o melhor casamento do mundo. Numa carta, ela chega a dizer que tinha horror a sexo. Era mais inteligente do que Pedro — gostava de ciência, literatura e arte, enquanto ele gostava, bom, ele gostava de xereca. "O príncipe herdeiro é falho de educação formal. Foi criado entre cavalos, e a princesa cedo ou tarde perceberá que ele não é capaz de coexistir em harmonia. Além disso, a corte do Rio é muito enfadonha e insignificante, comparada com as cortes da Europa", escreveu um diplomata austríaco que os visitou.

O povo sabia das puladas de cerca de dom Pedro, que também não fazia muito esforço para ser discreto, e isso fazia a reputação de Pedrinho não ser das melhores. Já Maria Leopoldina era adorada pela população, vista como uma mulher amável e generosa, uma vítima do gosto doentio do marido por fricção & galope. Quando ela morreu precocemente, botaram a culpa no sofrimento causado pelos chifres e chegaram a apedrejar a casa da amante Domitila.

A história de que a imperatriz tinha sido humilhada em vida se espalhou pela Europa, o que causou grande constrangimento a dom Pedro e ao país, em um patamar de vergonha nacional que só voltaria a se repetir uns 170 anos depois, quando versões da já citada "Na boquinha da garrafa" se espalharam pelo mundo, especialmente na Espanha e no resto da América Latina ("y se pega la boquita a la botella/ en la boca en la botella"...). A Europa deu ao mundo a *Mona Lisa*, e em retribuição nós exportamos a Companhia do Pagode.

Foi um sufoco para conseguir uma nova esposa para dom Pedro, dada a sua reputação tarada de um Kevin Spacey hétero. O sogro, Francisco I da Áustria, estava puto da vida. Não ajudou muito o fato de dom Pedro ter dito a ele que estava à procura de uma nova mulher e ter perguntado se, quem sabe, numa dessas, o sujeito não poderia ajudá-lo. Rolou até uma cartinha em que Pedro dizia "que toda minha perversidade acabou, que não hei de novamente cair nos erros em que já caí, que arrependo-me e pedi a Deus por perdão". Francisco respondeu apenas que, meu, vai te catar, embora não exatamente com essas palavras.

Mas o pior é que não era da boca para fora que dom Pedro escrevia essas coisas. Dizer que a perversidade tinha acabado era um pouco demais, tudo bem. Mas a verdade é que, ao contrário do pinto, ao menos o coração havia se amolecido um pouco.

Dom Pedro foi encontrado mais de uma vez chorando, arrependido, em uma ocasião inclusive abraçado com um retrato de Maria Leopoldina. Lembrava-se dela por qualquer coisa, andava pela rua e achava qualquer casal insuportavelmente feliz, se empanturrava de chocolate enquanto assistia a uma reprise de *Como se fosse a primeira vez* na TV a cabo e morria de inveja do Adam Sandler por ter um relacionamento tão apaixonado... Essas coisas que acontecem com todo mundo eventualmente.

No final, achou uma nova esposa, que tinha o melhor pedigree aristocrático que dava para arranjar, dadas as condições. Era Amélia, filha do duque de Leuchtenberg, região/cidade de importância intermediária no interior da Alemanha, uma espécie de Governador Valadares com chucrute e cerveja quente.

Tudo bem, é verdade que não chegava exatamente a ser um casamento com uma herdeira da família real inglesa. Mas também não era que dom Pedro estivesse catando qualquer desesperada na porta do metrô Barra Funda, vamos lá.

Além disso, importante saber, nada menos do que oito princesas já haviam recusado o casamento com dom Pedro, de modo que as opções estavam acabando, e ele também não estava com essa bola toda para ficar de nhe-nhe-nhem.

A notícia é que Amélia era uma graça, muito bonita, loira e alta, uma Ana Hickmann perdida no século 19. Passaram a lua de mel em Petrópolis, que pode ser vista como uma opção um pouco mais quente aos Alpes franceses ou uma opção um pouco mais gelada a Taubaté, dependendo da maneira como você enxerga o mundo.

Amélia era também esperta e percebeu que tinha que tomar algumas providências para evitar que dom Pedro reincidisse na putar... bem, na vida pecaminosa. A mais importante foi despachar para a Europa, com tudo pago e um cargo de embaixador na atual Itália, o melhor amigo do dom Pedro, uma criatura chamada Chalaça, que Amélia queria o mais longe possível.

Ah, o Chalaça. O inventor do conceito de "más companhias".

No Rio de Janeiro, Chalaça abriu uma barbearia na então rua do Piolho, o que, convenhamos, não foi exatamente a ideia mais genial da história do marketing. (Em algum momento no futuro alguém perceberia que rua do Piolho não era a designação mais agradável e mudaria o nome do local para rua da Carioca, que está lá até hoje.)

Suas ambições, porém, eram maiores, e Chalaça fez todo o possível para se aproximar da Corte, ainda na época de dom João VI, o pai de dom Pedro. Chalaça era inteligente e falava francês, inglês, italiano e espanhol, línguas que tinha aprendido no seminário.

Dom Pedro conheceu Chalaça quando ainda era príncipe, em um estabelecimento de altíssimo nível chamado Taverna das Cornetas, também no centro do Rio, conhecido pela Skol litrão barata ou o seu equivalente imperial.

O príncipe, então com 17 anos, fugia do palácio, se disfarçava e ia para esse tipo de biboca, frequentado por tudo que era bêbado e tarado pobre. Chegou lá e sentou num canto, acompanhado apenas por um guarda do palácio que estava ali para fazer a sua segurança, mas que acabaria ficando mais bêbado do que ele.

Era noite de música ao vivo. Alguém confundiu dom Pedro com um paulista, talvez pela roupa, e sem saber que estava falando com o príncipe disse que "paulista a gente leva no tapa e no sopapo".

Por algum motivo, provavelmente o goró que vinham consumindo, dom Pedro ficou ofendido e reagiu, o que não faz sentido nenhum, uma vez que ele não era paulista, mas não vai perder a briga, vai?

Dom Pedro levantou a voz, o segurança deu o primeiro soco, voou catuaba Selvagem para todo lado, começou uma confusão, a galera foi à loucura com a coisa se animando, descobriram que o "paulista" era na verdade o príncipe, o sujeito que tinha feito a provocação inicial percebeu a cagada e saiu fugido, e enquanto isso a porrada corria solta.

No meio da bagunça, o segurança de dom Pedro foi para cima de um cliente que estava na briga, mas acabou levando uma rasteira e se estatelando no chão. O príncipe se viu desprotegido e pensou, em termos técnicos: "Puta que o pariu, agora me fodi." Mas o sujeito deu dois passos em direção ao príncipe, sorriu e falou: "Prazer, Vossa Alteza, meu nome é Francisco Gomes da Silva e lhe ofereço meus cumprimentos e meus serviços." Era o Chalaça, que ninguém sabe exatamente por que era conhecido por esse apelido.

Os dois se tornariam melhores amigos, ao longo de décadas, até pelo interesse intelectual e acadêmico comum: mulher. Chalaça, que tinha nascido em Portugal, já havia trabalhado no palácio real como um subalterno faz-tudo, mas acabara expulso por... adivinha, por ter transado com uma criada da Corte, acontece. A amizade com dom Pedro permitiu seu triunfal retorno.

Foi o Chalaça, aliás, que apresentou a marquesa de Santos para dom Pedro, entre várias outras mulheres. Pegaram juntos, talvez literalmente juntos, metade das mulheres do Brasil de então. Não era sem motivo que a segunda esposa de Pedro queria que o Chalaça desaparecesse. Foi atendida. Desnecessário explicar, ela também queria o sumiço da marquesa de Santos, e ela de fato nunca mais apareceu no palácio (e, ao que consta, deixou de ser procurada por dom Pedro). Ah, sim, o rei e a marquesa/amante tinham uma filha, que foi devidamente enviada para um colégio interno na Suíça.

Amélia se deu muito bem e foi muito carinhosa com os outros filhos de dom Pedro, inclusive o futuro dom Pedro II. E, por incrível que pareça, dom Pedro passou a se controlar e, até onde se sabe, se tornou um marido fiel e decente, provando que sempre há esperança. (Já o Chalaça passou o resto da vida na Europa, nem tão comportado quanto o seu ex-melhor amigo.)

Como imperador, dom Pedro tinha ideias bem avançadas. Era contra a escravidão, embora ficasse emparedado por uma elite de fazendeiros escravocratas absolutamente hostil à ideia de abolição. Em um gesto simbólico, libertou todos os escravos de uma fazenda que possuía. Era um sujeito simples, que gostava de conversar com as pessoas na rua e perguntar sobre os seus problemas. Não era esnobe — bom, um príncipe que frequenta a Taverna das Cornetas escondido não poderia ser alguém com muitas exigências.

Em 1822, a pressão dos portugueses para que Pedro voltasse chegou ao limite. O Brasil era uma colônia, e lugar de príncipe era em Lisboa, não na filial.

Os brasileiros achavam que a volta de dom Pedro para Portugal representaria um retrocesso, acabando com a certa autonomia que havíamos conquistado. Houve até uma campanha para que ele ficasse no Brasil, com um abaixo-assinado de 8 mil assinaturas: #ficapedrão. Ao receber o documento, dom Pedro disse a sua famosa frase: "Futebol sem bola, Piu-Piu sem Frajola, sou eu assim sem vocês." Mentira, o que ele disse foi: "Se é para o bem de todos e felicidade geral da nação, digam ao povo que fico", mas um "amor sem beijinho, Buchecha sem Claudinho" até que teria sido fofo, vai!

IMPÉRIO

A decisão acabou dando, nove meses depois, na declaração de independência do Brasil, que aconteceu na margem do rio Ipiranga, em São Paulo, no dia 7 de setembro de 1822, e cujo grande legado foi dar ao país um feriado.

A história é bizarra. Dom Pedro estava indo de Santos para São Paulo, em cima de uma mula, uma viagem extremamente desagradável. Para piorar, ele estava que nem o Marcinho Caganeira, jogador do Grêmio que deu uma inesquecível entrevista para a Rádio Gaúcha, fácil de achar na internet, após ser substituído em um jogo contra o Bahia:

— Você sentiu alguma coisa, Marcinho? — pergunta o repórter, na beira do campo.
— Eu tô muito debilitado.
— Debilitado?
— Eu tô debilitado, começou o jogo... A tarde toda... A tarde toda eu tive caganeira. Tô cagando pura água. Eu tô muito debilitado. Falei para o professor, falei que não dava... Eu tô tremendo.
— Er... valeu, Marcinho. A diarreia... é um problema, realmente debilita o jogador.

Como todo mundo que acompanhava dom Pedro percebeu que algo importante tinha acontecido naquele dia, muita gente escreveu os seus relatos sobre o acontecido. E há um consenso: a coisa estava difícil para o dom Pedro, que quando finalmente chegou ao rio Ipiranga já tinha descido da mula nada menos do que sete vezes para se aliviar — e lá ia ele para mais uma.

Aí aparecem dois carteiros reais, com mensagens enviadas do Rio de Janeiro: a elite de Portugal dava um ultimato para dom Pedro, ordenando que ele se submetesse imediatamente às ordens vindas de Lisboa.

Tomado por aquela raiva que só conhece quem já foi retirado de trás do matinho no meio de um intenso esforço intestinal, dom

Pedro jogou as cartas no chão (embora talvez não fosse bem o momento de desperdiçar papel...), subiu na mula, chamou todo mundo e disse: "Independência ou morte!"

Depois desenharam esse quadro do momento da Independência em que tá todo mundo lá, bonitão, glorioso, másculo, a cavalo, com gel no cabelo, cara de quem tinha acabado de tomar banho. Tudo mentira, porque não eram cavalos, mas mulas, estava todo mundo sujo e cansado da viagem e, por fim, dom Pedro, como dito, muito provavelmente já estava inclusive com áreas do seu corpo para lá de assadas, o que, como diria o jogador Marcinho, debilita o imperador.

Mas, com ardência ou não, foi assim que dom Pedro passaria a ser o primeiro imperador do Brasil.

ENFIM, BRASIL

Portugal reconheceria a independência do Brasil apenas em 1825. O acordo previa que o Brasil indenizaria o país europeu. Já começamos no vermelho, mas ao menos não houve uma grande guerra de independência, que seria muito mais custosa — e teríamos que partir para a briga com os portugueses na base da surra com folha de bananeira, porque nem um Exército armado e organizado nós tínhamos a essa altura, de modo que podia ter sido pior.

Além disso, os primeiros anos de independência não foram fáceis para dom Pedro.

O imperador perdeu a província da Cisplatina, que se rebelou e virou o atual Uruguai, em 1828. A Argentina também queria o território, e acabamos entrando em guerra com os hermanos — a gente chama de "Guerra da Cisplatina", mas eles chamam de "Guerra do Brasil", vejam só que honra.

Quem começou a rebelião, defendendo que a Cisplatina virasse parte da Argentina, foi um sujeito chamado Juan Antonio Lavalleja y de la Torre — com um nome desses, quem poderia imaginar que ele estivesse conluiado com os argentinos?

Após três anos, só do lado brasileiro já tinham morrido mais de 8 mil soldados, sem que se chegasse a uma solução. Brasil e Argentina estavam exauridos, e a possibilidade de a guerra continuar por anos não agradava a nenhum dos países.

A solução, mediada pela Inglaterra, foi entrar em acordo, sem que ninguém ganhasse: o Uruguai passaria a ser um país independente. O que não foi de todo ruim, se você gosta de maconha, de doce de leite ou de comer doce de leite após fumar maconha. Perdemos, porém, a possibilidade de incluir nas cláusulas do acordo de cessar-fogo o veto à produção pelos argentinos de mais de dois filmes por ano estrelados por Ricardo Darín, o que certamente foi uma escorregada da nossa diplomacia.

Além da guerra, foi organizada no Rio de Janeiro uma assembleia constituinte que queria tirar poderes de dom Pedro. Dom Pedro ficou pistola, mandou todo mundo para casa e impôs a Constituição que queria. Era mais ou menos assim:

> Artigo 1º: O imperador faz o que quiser.
> Parágrafo único: Inclusive ir à Taverna das Cornetas.
> Artigo 2º: Revogam-se todas as disposições em contrário.

Algumas pessoas não gostaram muito disso, e em Pernambuco inclusive surgiu um movimento separatista, que pretendia criar um novo país chamado Confederação do Equador — o Equador já tinha a essa altura se tornado independente, então eles podiam ter sido um pouco mais criativos.

Exceto pelo fato de que o meio-campista Juninho Pernambucano teria o divertido nome de Juninho Equatoriano (e que poderíamos assistir à disputa Equador vs. Equador por uma vaga na

Copa do Mundo, muito provavelmente na repescagem), é difícil acreditar que a independência teria trazido alguma vantagem ou transformado a região numa Bélgica tropical. Mas eles achavam que valia tentar.

Ao contrário da Cisplatina, até pela falta de uma Argentina na vizinhança para ajudar na revolta, o movimento acabou sufocado pelas forças militares do rei. Pernambuco, que já tinha perdido Alagoas, agora perdeu mais uma parte do seu território, onde hoje fica o extremo oeste baiano.

Na época, entre as vilas mais importantes da região estavam as gloriosas Carinhanha (IDH atual de 0,576, "inferno na Terra") e Pilão Arcado (IDH de 0,506, também conhecido como "que inveja do Zimbábue"), então não é que os pernambucanos tenham chorado muito, "meu Deus, que falta me faz Pilão Arcado".

Hoje em dia, porém, a região se converteu num importante polo agrícola, com a chegada de uma gauchada com uma ideia na cabeça e uma semente de soja na mão em cidades como Barreiras e Luís Eduardo Magalhães. Esperamos que a prosperidade logo alcance também os aprazíveis municípios vizinhos de Wanderley, Mansidão e Tabocas do Brejo Velho, porque este país será melhor quando os jornais escreverem coisas como "o grande poeta wanderleense Fulano de Tal lança seu novo livro" ou "o bioquímico mansidãoense Serginho do Polímero anunciou sua nova descoberta".

Apesar dessa vitória no Nordeste, a coisa foi ficando pior para dom Pedro. Em 1826, seu pai, dom João VI, aquele que tinha voltado para Portugal porque precisava assumir o trono por lá, foi envenenado, até hoje não se sabe por quem, e morreu. Cabia justamente a dom Pedro assumir o trono do pai, mas imagine a gritaria que foi quando se imaginou a reunificação de Brasil e Portugal.

Tentando resolver a questão, dom Pedro abdicou do trono português em nome de sua filha mais velha, Maria II. O problema é que ela tinha apenas 6 anos de idade. A solução: ela casaria com

IMPÉRIO

seu tio Miguel, irmão de Pedro, que governaria Portugal apenas enquanto ela fosse menor de idade. (Sim, eles casaram uma menina de 6 anos com o tio.)

O que você acha que aconteceu? Um belo dia o tal do tio Miguel resolveu que seria rei para sempre, ignorando a esposa criança e alegando que, ao proclamar a independência do Brasil, dom Pedro tinha perdido o direito ao trono português. Dessa forma, o sucessor natural do seu pai seria ele próprio, e não Pedro. Há quem diga, aliás, que foi Miguel quem matou o próprio pai, que expressava nítida preferência por dom Pedro. (Parece que os pais têm certa predileção pelos filhos que não os matam.)

Enquanto isso, no Rio de Janeiro, defensores e críticos do imperador se pegaram na rua em um episódio que ficou conhecido como "Noite das Garrafadas", porque foi o que eles jogaram uns na cabeça dos outros. Estava gostoso o clima no país, só amor.

No meio desse caos, em 1831, dom Pedro resolveu que voltaria a Portugal para defender o direito da filha ao trono. Portugal entraria numa longa guerra civil, que não vamos explicar aqui porque este livro é sobre o Brasil (ver *Breve história bem-humorada de Portugal*).

Mas, se dom Pedro foi embora, quem fica cuidando da lojinha aqui? Renan Calheiros? (Ainda não.) Marcelo Odebrecht? (Quase.) Eduardo Suplicy? (Deus do céu, imagine intermináveis palestras sobre a Renda Mínima Imperial.)

Como quem não tivesse aprendido nada com o episódio da filha criança tomando e depois perdendo o poder em Portugal, dom Pedro deixou o filho, dom Pedro II, para governar o Brasil. O menino tinha 5 anos. Ou seja, provavelmente não conseguia nem usar o banheiro sozinho — se bem que será que o Michel Temer conseguia?

Começou a regência, ou seja, o período em que diferentes políticos assumiram o poder enquanto dom Pedro II não completava 18 anos. Foi uma zona — mais que o normal, e olha que não era fácil superar.

Enquanto dom Pedro II se preocupava apenas em assistir a *Pokémon* e comer a sujeira do próprio nariz, os parlamentares no Rio de Janeiro não conseguiam se entender. Metade (os liberais) defendia, grosso modo, maior poder nas províncias. A outra metade (os conservadores) queria maior centralização no Rio de Janeiro.

Essa divisão entre os que queriam mais centralização e mais federalismo levou a rebeliões em tudo que foi canto do país. A mais famosa foi a Revolução Farroupilha, no Rio Grande do Sul, de 1835 a 1845.

Tche, que evento! Entre os líderes da revolta estava um cara chamado Bento Gonçalves, o homem mais viril que já habitou este país.

Seus pais queriam porque queriam que ele fosse padre. Havia vários modos de Bento mostrar que não prestava pro serviço. Conversar abertamente sobre o assunto. Casar com alguma moça. Mas nada disso: Bento resolveu a situação chamando outro indivíduo para um duelo e o matando, de modo a convencer o seu pai de que sua vocação, infelizmente, não era bem a paz de Cristo.

Funcionou. Já que Bento se achava o Bruce Willis dos pampas, o pai acabou liberando o garoto para entrar no Exército. Foi para a Guerra da Cisplatina e, em poucos anos, passou de cabo para coronel, em reconhecimento, obviamente não à sua sensibilidade artística ou ao seu carisma com os pets e crianças da nação, mas sim às várias vitórias que obteve no campo de batalha.

Era conhecido pelo jeito rústico de quem não reagiria exatamente com carinho se você perguntasse se ele tinha uma loção pós-barba para emprestar ou se contasse que todas as terças e quintas ia à academia fazer aula de spinning. Bento era grosso pra cacete.

IMPÉRIO

Desse modo, não deixa de ser peculiar que Bento Gonçalves tenha nomeado os filhos como se, em vez de gaúcho matador, fosse um tropicalista membro dos Novos Baianos. Eis a sua prole: Joaquim, Caetano, Leão, Maria. A não ser que, entre arrancar uma cabeça e outra dos inimigos, Bento cantasse alegremente "Preta, Preta, Pretinha", há algo mal explicado aí.

Um belo dia Bento Gonçalves estava no aconchego do seu lar a ouvir *Acabou chorare* quando ficou sabendo que havia sido deposto do comando militar da Província do Rio Grande, o atual Rio Grande do Sul. Ficou putaço da vida, derrubou o chimarrão (depois do smoothie de frutas vermelhas com leite de amêndoas, era sua bebida favorita) e resolveu que isso não ficaria assim.

Bento estava sendo acusado de conspirar para separar o Rio Grande do Sul do resto do Brasil, acusação que o deixou muito irritado, acima de tudo porque era verdadeira.

A questão é que, na época, o Rio Grande do Sul era grande produtor de charque, a popular carne-seca — eram toneladas e toneladas de carne secando ao sol, numa cena de traumatizar vegano. Esse charque era altamente tributado pelo governo central brasileiro, o que muito irritava os gaúchos, porque os impostos tornavam a sua produção pouco competitiva perto da concorrência uruguaia e argentina. Desnecessário dizer que esse dinheiro ia para o Rio de Janeiro e nunca mais voltava.

A gauchada estava meio irritada também pela maneira como havia sido conduzida a Guerra da Cisplatina. Tanto gaúcho bom de tiro, diziam, e o comando das tropas brasileiras tinha sido dado a um mineiro, o marquês de Barbacena, visto como o culpado pelo resultado ruim do conflito. A mensagem que ficou era que os gaúchos não eram vistos como confiáveis pelo poder central.

Por que o governo central não via os gaúchos como confiáveis? A coisa mais suspeita que um gaúcho já fez, afinal, foi a Xuxa ter colocado aquelas mensagens satanistas nos seus LPs para sugar as almas das criancinhas que ousassem ouvi-los ao contrário — de resto, estamos tratando de um povo absolutamente querido.

A questão é que o contato frequente com os uruguaios e argentinos fez os gaúchos conhecerem a república e começarem a achar a monarquia um troço meio ridículo.

Já em 1830 houve um movimento republicano no Rio Grande chamado Sedição de 1830 — sedição, seu maconheiro, significa "sublevação contra qualquer autoridade constituída". Não deu em nada, mas olha o nome dos revoltosos, todos imigrantes alemães: Otto Heise, Samuel Gottfried Kerst e Gaspar Stephanousky. Se você tivesse entregado essa lista para o David Luiz logo depois daquele 7 × 1, ele teria se atirado embaixo da mesa.

Em setembro de 1835, os farroupilhas tomaram Porto Alegre. Os opositores da revolução se reuniram na cidade de Rio Grande, perto de Pelotas, para organizar a retomada da capital gaúcha, o que só aconteceu em junho de 1836.

Os revoltosos que conseguiram fugir se estabeleceram em Piratini, uma merdica de cidade que hoje tem 20 mil habitantes, onde proclamaram a República de Piratini, que durou de setembro de 1836 a julho de 1842, quase seis anos.

No dia anterior à proclamação da República (de Piratini...), houve a gloriosa batalha do Seival, que segundo os livros de história ocorreu "nos campos dos Meneses" — Seival era o nome do riozinho que passava por ali, no atual município de Candiota, que fica um pouquinho depois do fim do mundo, à esquerda de quem vai. Sabe-se lá o que os tais Meneses tinham na cabeça quando resolveram se estabelecer na tal quebrada.

O ser mais sensato no local era o cavalo de Silva Tavares, que era o comandante da tropa imperial (Tavares, não o cavalo). O animal em dado momento percebeu o ridículo daquilo tudo, teria dito a quem quisesse ouvir que a vida era muito curta para ficar lutando contra gaúcho desocupado e saiu em disparada, incontrolável.

Aí ocorreu o seguinte: no meio da confusão todo mundo achou que o tal comandante Silva Tavares estava fugindo, inclusive seus comandados, e as forças rebeldes foram para cima, dando uma sova nos legalistas, que não estavam entendendo nada. (Depois disso, Silva Tavares, quando viu que a coisa estava ficando ruim, valente barbaridade, de fato fugiu.)

Os farroupilhas pegaram confiança e proclamaram a República. Nunca conseguiram retomar Porto Alegre nem tomar a cidade de Rio Grande, que se mantiveram fiéis ao império.

Quem acabaria com a República do Piratini seria um sujeito chamado duque de Caxias, o Capitão Nascimento do Império.

Duque de Caxias, assim como Bento, era outro sujeito superquerido, paciente, amigo das crianças e dos animais. Vamos falar mais dele quando chegarmos à Guerra do Paraguai, mas antecipemos que o duque de Caxias era nessa época uma espécie de Super Nanny do federalismo brasileiro. Se alguma província se comportava mal, lá ia ele mostrar onde ficava o cantinho da disciplina.

Dom Pedro II, que na época tinha 16 anos, disse apenas isto para o duque de Caxias ao mandá-lo para o Sul: "Acabe com esta revolução, assim como acabou com as outras."

Duquito baixou no Rio Grande com 12 mil homens, contra 3.500 coitados que compunham o Exército Tchê Garotos da República de Piratini. Levou também um poeta, Gonçalves de Magalhães, em tese não para fazer poesia, mas para secretariá-lo, ajudando com cartas e coisa e tal.

Os 12 mil homens não botaram muito medo, mas, quando os gaúchos ficaram sabendo que havia um ameaçador poeta se aproximando, imagine só, aí a tensão se instaurou.

("Sou um poeta diferente/ Com a violência em minha mente/ Se não tiver logo a rendição/ Vamos dar tiro de canhão." Ao que os revoltosos reagiram: "Fuzila quem vocês quiserem, mas não manda poesia em aabb e com rima em 'ão', pelo amor de Deus, que isso já é selvageria.")

De modo que logo em seguida começaram as negociações de paz.

Acuados pela falta de métrica, os líderes da revolução já tinham até topado assinar um cessar-fogo quando as tropas imperialistas surpreenderam um grupo rebelde no episódio conhecido como Traição dos Porongos, matando mais de cem e prendendo mais de trezentos — "põe na conta do papa", teria dito duque de Caxias.

Em março de 1845, após quase 50 mil mortes nesses anos todos, foi assinada a paz, com algumas condições: anistia aos revoltosos, a libertação dos escravos que haviam combatido junto a eles e a escolha de um novo governador do Rio Grande pelos farroupilhas. Foi o Tratado de Poncho Verde, assinado na cidade de Dom Pedrito, informação que não tem importância nenhuma, mas que cito aqui só porque acho o nome da cidade muito engraçadinho. (Embora nada supere nossa querida Ressaquinha em Minas Gerais.)

Muita coisa não foi cumprida, especialmente a libertação dos escravos (alguns foram, alguns não...), mas ficou por isso mesmo. Bento Gonçalves morreria dois anos depois, deixando Caetano, Joaquim, Gal e Bethânia aos cuidados da mãe.

Outras revoltas foram igualmente reprimidas pelo país, como a Cabanada (Pernambuco, para variar, e Alagoas, de 1832 a 1835) e a Balaiada (Maranhão, de 1838 a 1841). A instabilidade da regência, amplamente exposta por esses eventos, foi uma das razões que levou a um golpe.

ESPINHAS NA CARA, COROA NA CABEÇA

Na capital federal, os liberais, que queriam maior poder nas províncias, continuavam sem se entender com os conservadores, defensores de maior poder central. A regência fracassava e se arrastava, e ainda havia vários anos pela frente até dom Pedro II completar 18 e assumir o comando.

Quando os conservadores tomaram o governo, os liberais tiveram a ideia genial: e se a gente sugerisse a antecipação da maioridade de dom Pedro II, ganhando a sua simpatia? Os conservadores, afinal, não iam querer entrar em conflito com o futuro rei, e após alguma insistência a proposta acabaria aprovada.

Naquela altura, Pedro II tinha 14 anos — adolescente de tudo, falava "tipo assim", lutava contra um bigodinho que insistia em aparecer e tomava banhos looongos...

Desse modo, em julho de 1840 a Assembleia Geral, nome que se dava então para o Congresso, aprovou a declaração da maioridade, que ficou conhecida como o Golpe da Maioridade e que dizia assim:

> Brasileiros!
> A Assembleia Geral Legislativa do Brasil,
> — Reconhecendo o feliz desenvolvimento intelectual do Senhor D. Pedro II, graças à Divina Providência;
> — Reconhecendo igualmente os males inerentes a governos excepcionais;
> [...] houve por bem declará-lo em maioridade, para o efeito de entrar imediatamente no pleno exercício desses poderes, como Imperador Constitucional e Defensor Perpétuo do Brasil.

O que eles quiseram dizer, portanto, era "uma vez que o dom Pedro II já tem até pentelhos e não parece ser (muito) retardado, e uma vez que a regência nitidamente deu merda, vamos fazer uma gambiarra aqui e botar esse moleque para assumir logo".

A verdade é que dom Pedro II se mostrou, ao longo dos 48 anos em que foi imperador do Brasil, um sujeito muito erudito, um leitor voraz, provavelmente o governante mais culto e letrado que este país já teve, depois do Lula.

Enquanto você vai ao bar beber Itaipava de litro com o seu primo Zé Gordo, motoboy desempregado, olha a lista de amigos do Pedrinho II: Victor Hugo, o romancista; Richard Wagner, o compositor; Friedrich Nietzsche, o filósofo; Alexander Graham Bell, o cara que inventou o telefone; e ninguém menos que Charles Darwin, grande darwinista.

Também, não tinha como ser diferente. Desde a infância, Pedro II passava os dias estudando, das sete da manhã às dez horas da noite, com pausas só para as refeições e para um pipizito. Seus tutores — entre eles, José Bonifácio, um dos maiores intelectuais da época — tinham grande preocupação de evitar que o garoto ficasse parecido com o pai, dom Pedro I, aquele que governava o país nos tempos vagos entre uma ereção e outra.

As lembranças de Pedro II sobre a infância seriam de uma vida relativamente infeliz — materialmente abastada, mas longe da convivência de outras crianças, em um ambiente excessivamente sério e adulto. Você não achou que o José Bonifácio, mais sério que sala de espera de proctologista, tivesse cara de quem ia ficar brincando de bambolê com o príncipe, achou?

O garoto de 14 anos se revelou um imperador dedicado, que fazia visitas às repartições públicas para saber se tudo estava nos conformes e que se mostrava tanto autoconfiante quanto reservado. A presença de um monarca, acima das disputas políticas vigentes, trouxe de volta ao país a estabilidade que a regência não tinha conseguido garantir.

Até que, depois do Golpe da Maioridade, dom Pedro II caiu no Golpe da Foto de Instagram.

IMPÉRIO

Os assessores do imperador teen achavam que seria uma boa ele casar. Afinal, ele já era para todos os fins um adulto, com grandes responsabilidades, e constituir família seria um passo natural.

Dom Pedro II concordou — algum alívio para estas mãos calejadas! —, e então tais assessores espalharam a notícia pela elite europeia: jovem imperador de país tropical procura moça para amor tórrido & Netflix sábados à noite; tratar com o barão de Cairu, encarregado da busca.

Chegou então um retrato da princesa Teresa Cristina, do Reino das Duas Sicílias, na atual Itália. Bicho, era uma gata. Dom Pedro II, que nunca tinha usado o Tinder, deixou-se levar pela inocência, nem se deu o trabalho de enviar alguém para ver se não tinha Photoshop na parada e mandou buscar. Casaram por procuração antes de se conhecerem, como era comum na época.

O problema é que a vida é outra fora do Instagram.

Quando a princesa chegou ao Brasil, dom Pedro II ficou decepcionado — e manifestou sua decepção. Não é que Teresa Cristina fosse um horror. Ela era normal. O problema, como sempre, era de gestão de expectativas. A princesa era baixinha e meio gordinha, por exemplo, o que fora omitido no retrato, mas quem não tem os seus defeitos? Há quem diga também que ela era um pouco manca, mas aí não era culpa do retratista, né?

Sobre essa confusão, teve até historiador escrevendo que a moça do retrato nem era a princesa — e, de fato, uma coisa é exagerar, pegar o melhor ângulo, tirar 120 fotos para ver se uma presta, outra completamente diferente é mandar a imagem da pessoa errada, mas essa acusação nunca foi confirmada.

De qualquer forma, dom Pedro II, na época com 17 anos, foi escroto pra caramba com a moça, uma menina que tinha acabado de desembarcar em terra estranha e que, coitada, não tinha culpa pelo ocorrido. Há muitos relatos sobre o dia da sua chegada. Ele dizia para quem quisesse ouvir "fui enganado, fui enganado".

Uma testemunha dos fatos deixou escrito que ele deu as costas para a princesa, outro disse que ele estava tão irritado que precisou sentar e beber uma água. Pedro II chegou a chorar. Ele era meio drama queen.

O fato é que ele estava esperando outra coisa. "Vocês me vendem a Disney e me trazem o Beto Carrero", teria dito (supostamente). Queria cancelar o casamento, mas disseram para ele que isso não era assim, que agora já estava feito, que ele próprio havia dado o sinal verde. A coitada da moça, obviamente se sentindo rejeitada, também chorava, e a cena se estendeu por horas.

Com os anos, porém, a frieza inicial de dom Pedro II se dissiparia. Ele e Teresa nunca se tornariam um casal apaixonado, é verdade, mas ela era extremamente paciente e cuidadosa com ele — e, diga-se em seu favor, era assim com quase todo mundo que passava pelo seu caminho, o que a tornou muito querida no Brasil, por ser uma pessoa simples e generosa.

Em uma carta à família, ela escreveu o seguinte: "Sei que minha aparência é diferente da que havia sido anunciada. Farei todo o possível para viver de tal maneira que nada leve ao engano de meu caráter. Serei brasileira de coração em tudo que fizer." Teresa era uma pessoa boa demais.

Dom Pedro II passou, com os anos, a tratar a mulher com afeto, e vários relatos de quem acompanhou de perto a vida de ambos apontam que ele tinha uma genuína preocupação com o seu bem-estar. Tornaram-se bastante próximos, e não há nenhum relato de que ele tenha voltado a tratá-la com agressividade ou desdém, como fez na primeira vez em que se encontraram.

É bem verdade que dom Pedro II tinha as suas amantes, mas Teresa ou não sabia ou fingia que não sabia, até porque os casos do imperador eram muito menos públicos e escandalosos do que os do pai.

Amizade íntima talvez seja uma boa definição para a relação que dom Pedro II e Teresa criaram.

Quando ela chegou ao Brasil, o povo ficou ansioso por uma gravidez. Os meses foram passando e nada. Começaram até a circular boatos de que o imperador era impotente, quando enfim surgiu a verdade: ele demorara a "consumar a união", e pelo resto da vida demonstraria mais interesse na companhia da mulher do que em transar com ela. O que, sejamos honestos, também não é um horror, uma vez que esse é um percurso comum para casais que passam décadas juntos — aliás, em muitos casos não há nem o interesse pela companhia mais... O casal viajaria pela América do Norte, pelo Oriente Médio e pela Europa, entre outras aventuras em conjunto.

No final, tiveram quatro filhos, mas dois meninos morreram na infância e uma mulher morreu aos 24 anos. Restou apenas a princesa Isabel, que posteriormente viria a assinar a abolição da escravidão.

Muito antes disso, porém, lá pro fim dos anos 1840, Pedrinho já tinha virado Pedrão: um marmanjo de 20 e poucos anos, 1,90 metro, loiro de olhos azuis e, segundo quem viu, bonitão.

Daí até o fim do seu reinado, o café se espalharia e passaria a ser o principal produto de exportação do país. Com ele, surgiria uma malha ferroviária bem razoável, que depois, já na República, conseguiríamos a proeza de destruir. Não teríamos um desenvolvimento robusto como o dos Estados Unidos, mas o Brasil ao menos se consolidaria como uma nação.

Uma preocupação constante do dom Pedro II era evitar o fortalecimento excessivo da Argentina, de modo a manter certo equilíbrio de poder regional. Em 1851, o imperador mandou, adivinha quem, o duque de Caxias até o Uruguai para dar uma porrada nuns aliados de Manuel Oribe, presidente do país que queria uni-lo à Argentina. Caxias chegou lá, mandou parar com a palhaçada e tirou Oribe do poder.

Mas bater em uruguaio é fácil. A coisa ficou mais complicada quando o problema foi a todo-poderosa Inglaterra.

LEOPOLDINHO DÁ UMA FORÇA

A Inglaterra já estava irritada com o Brasil porque o país se recusava a dar um jeito de acabar de vez com o tráfico negreiro.

Em junho de 1861, um navio britânico que ia para Buenos Aires carregado de louças, lenços, azeite e vinho encalhou na costa do Rio Grande do Sul, ameaçando afundar. Os tripulantes saíram correndo do barco e foram (a pé) até a cidade de Rio Grande pedir ajuda. Ah, como gringo é inocente.

Daí para a frente a coisa fica confusa — e bem brasileira.

Algum morador da região viu o navio, a notícia se espalhou. Obviamente fizeram o rapa na embarcação (azeite e vinho, pô!), e não teve salada mal temperada nem fim de semana sóbrio por ali naquela inesquecível primavera de 1861.

(Nossa cara fazer isso. O que me lembra que, quando algum site de notícias publicou a matéria "Intercambista alemão tem a bicicleta furtada em universidade brasileira", algum gênio fez um sucinto comentário abaixo da reportagem: "7 × 2".)

Os ingleses acusaram os brasileiros de roubo. Os brasileiros disseram que, uma vez que os tripulantes tinham abandonado o navio, acreditaram que a carga tivesse sido dada como perdida — e ela acabaria afundando, afinal...

Mas o roubo foi o de menos. Dez tripulantes ingleses tinham ficado para trás, junto ao navio, e quando seus compatriotas voltaram de Rio Grande encontraram todos mortos na areia... O governo brasileiro viria a alegar que eles tinham morrido afogados tentando impedir que o navio afundasse, mas os ingleses disseram que os saqueadores também eram assassinos.

O embaixador britânico no Brasil encaminhou então a dom Pedro II uma carta em que demandava uma indenização, pela carga e pelos mortos, e exigia que o Brasil fizesse um pedido público de desculpas à Inglaterra. O imperador respondeu que, há-há, "não".

Ficou por isso, mas não por muito tempo.

No ano seguinte, a relação com a Inglaterra se complicaria.

O caso é que dois marinheiros da Marinha Britânica, que estavam no Rio de Janeiro e vestiam trajes civis, encheram a cara, mexeram com as mulheres de uns marinheiros brasileiros e acabaram saindo na mão com eles. Os dois bêbados foram levados para a delegacia, passaram lá a noite e foram soltos no dia seguinte.

O caso chegou ao embaixador britânico, que ainda estava magoadinho com o episódio do ano anterior. Quando ele ficou sabendo, fez uma ameaça a dom Pedro II. Queria que:

1) os marinheiros brasileiros que bateram nos britânicos fossem detidos;
2) os policiais responsáveis pela sua prisão fossem demitidos;
3) o Brasil apresentasse um pedido formal de desculpas ao Reino Unido;
4) e, vocês acharam que o cara tinha esquecido, que o Brasil pagasse a indenização relativa ao naufrágio de um ano antes.

Se essas coisas não acontecessem, disse o embaixador, os ingleses iriam baixar no Brasil e bloquear com a sua Marinha a entrada da baía de Guanabara.

O impasse ficou conhecido como Questão Christie, em homenagem à grande escritora Agatha Christie — claro que não, a expressão se deve ao embaixador britânico no Brasil, que se chamava William Dougal Christie.

O imperador não cedeu à pressão dos britânicos, e eles cumpriram a promessa, fechando o porto do Rio de Janeiro e apreendendo cinco navios brasileiros que ali estavam.

(Não eram aqueles puta barcos também, né, não vai ficar imaginando aí o cruzeiro do Roberto Carlos, *Emoções em alto-mar*. Mas eram os barcos que tínhamos, agora sob controle dos britânicos, só porque a gente tinha comido o azeite deles.)

Os diplomatas do Brasil e do Reino Unido, gente civilizada, chegaram a uma solução: chamar um terceiro independente para julgar o caso e dizer quem tinha a razão. O escolhido foi o rei Leopoldo I da Bélgica.

Por mais pacata que a Bélgica pareça ser, houve um tempo em que rolou a dita Revolução Belga, algo quase tão inesperado quanto o Samba Ucraniano ou a Alcatra Indiana. Mas aconteceu, e foi pegando em armas que os belgas conseguiram a sua independência dos Países Baixos, a nossa conhecida Holanda.

Quando a Bélgica se tornou independente, em 1830, reuniu-se o Congresso Nacional Belga, que deliberou que o país seria uma monarquia. A desgraça era que não existia família real, afinal eles estavam inventando isso agora.

Num belo dia, Leopoldo I estava na sua confortável residência num beco chamado Saxe-Coburgo-Gota, onde era príncipe, na atual Alemanha, quando foi então convidado a virar rei da Bélgica, proposta que ele aceitou.

Parece que todo mundo queria Leopoldo I como rei, porque alguns anos antes os gregos já tinham feito esse convite para ele — e ele tinha recusado.

Qual era o mel desse homem? Você que está aí, sentadão sem camisa em Pirituba lendo este livro, quantas vezes foi chamado a ser rei de alguma coisa? Aliás, quando foi que esteve com algum rei, tirando o Rei do iPhone, na Santa Efigênia, **e** o Rei das Batidas, no Butantã?

O ponto é que Leopoldinho, além de ser um queridão, fazendo amigos em qualquer fila de banheiro químico no bloco de carnaval, era muito bem relacionado com o Reino Unido, uma vez que era casado com nada menos do que a filha única do rei Jorge IV.

Tê-lo como rei, portanto, era garantia de proximidade com uma nação poderosíssima, o que poderia ser muito útil para garantir a integridade da Bélgica (ou da Grécia, se ele tivesse aceitado).

Por que então dom Pedro II fez a estupidez de aceitar que o árbitro da disputa entre Brasil e Reino Unido fosse um sujeito tão próximo da outra parte?

De alguma forma, ele conhecia o rei belga o suficiente para saber que ele não ia se deixar levar pela relação familiar. O Brasil ganhou, contra todas as expectativas. Leopoldo alegou que o navio inglês havia sido abandonado e que os marinheiros daquele país estavam errados ao criar arruaça no Rio de Janeiro.

A Inglaterra largou os barcos brasileiros, mas recusou-se a pedir desculpas, o que fez as relações diplomáticas entre os dois países serem rompidas, em 1863. Só seriam reatadas dois anos depois, por ocasião de um dos episódios mais trágicos da história da América do Sul.

CHICO DIABO E OS BADERNISTAS

Para entender a Guerra do Paraguai, de 1864 a 1870, é preciso entender Francisco Solano López, presidente daquele país, e o seu plano "Make Paraguai Great Again". Bom, na verdade o plano se chamava "Paraguai Maior", mas veja que essas coisas se repetem.

Além de querer industrializar o Paraguai, López sonhava em expandir o país, conquistando partes da Argentina, do Uruguai e do Brasil, como o Mato Grosso. Achava que era muito importante para o Paraguai conseguir um acesso próprio ao mar, coisa que não tinha (e não tem).

López, em resumo, era vida loka, encrenqueiro, ia a show do Matanza só para arrumar briga. E, para piorar, tinha grandes ambições territoriais.

Em 1864, o Brasil, para variar, estava metido em confusão no Uruguai, intervindo de novo no país para tirar do poder um presidente hostil aos interesses nacionais.

López aproveitou a situação para nos atacar. Invadiu o Mato Grosso (que na época incluía o Mato Grosso do Sul), além de um pedaço do norte da Argentina. Foi a única vez na história da humanidade em que alguém brigou pelo Mato Grosso.

López era malvadão. Vejam só o que aconteceu com um coitado chamado Frederico Carneiro de Campos. Esse infeliz já tinha sido enviado pelo Exército brasileiro, onde era coronel, até a fronteira com a Guiana, para estabelecer exatamente onde ficava a fronteira — imagina você, no meio daquele nada, um puta calor, um puta mato, tendo que decidir se a divisa era antes ou depois da árvore, para quê?!

Como reconhecimento pelo enorme serviço prestado à nação, pois sem isso estaríamos até hoje inseguros quanto à possibilidade de inadvertidamente acabarmos entrando na Guiana ao pegar uma saída errada da Marginal Tietê, Fred foi indicado para ser presidente da província do Mato Grosso.

Para chegar lá, a partir do Rio de Janeiro, o jeito era descer pelo mar até a foz do rio da Prata, entre a Argentina e o Uruguai, e subir o rio Paraná, uma volta desgraçada. Mas era para ser presidente de província, uma honra, então Fred foi.

A coisa deu ruim porque no meio do caminho havia o Paraguai. O barco onde o nosso coronel estava foi atacado, ele foi preso e morreu de fome (de fome!) numa cadeia paraguaia. A sua esposa ficaria doida, literalmente, ao saber o que houve, precisando de ajuda psiquiátrica.

Brasil, Argentina e Uruguai (já sob nova direção) se juntaram para revidar. Receberam amplo apoio financeiro e foram muito incentivados a fazer isso pela Inglaterra, que não gostava da ideia de um Paraguai industrializado oferecendo produtos que concorreriam com os seus.

A essa altura, até cidades do Rio Grande do Sul já tinham sido ocupadas pelos paraguaios, como São Borja (onde depois nasceria Getúlio Vargas) e Uruguaiana (onde depois não aconteceria nada). O próprio dom Pedro II iria até Uruguaiana participar da operação que retomaria a cidade.

Claro, daquele jeito: não é que ele tenha ido para a frente de batalha trocar tapa com paraguaio citando o glorioso professor Gilmar, personagem de *Hermes e Renato,* aos gritos: "Bando de badernista, para com essa porra, não guenta dez minutos de porrada comigo." Mas, de qualquer forma, ele estava lá, dando aquele apoio de longe, tchauzinho de miss, "vão indo vocês na frente que eu já vou". Os presidentes da Argentina e do Uruguai também estavam no local.

Já o pessoal que foi salvar o Mato Grosso se ferrou mais. O "resgate" saiu do Rio de Janeiro em abril de 1865 e só chegou em dezembro. Andaram quase 2 mil quilômetros, catando gente pelo caminho. Chegaram a ser mais de 2 mil soldados. Ficaram ilhados após uma tempestade, atolaram em pântano, arrumaram briga com índio, passaram fome, foi uma felicidade só. E você se achando porque vai à aula de crossfit da Bio Ritmo, aham.

Com o território brasileiro devidamente retomado após algumas batalhas, o pessoal podia ter simplesmente voltado para casa. Mas andamos 2 mil quilômetros para chegar a essa porra e agora vamos... voltar? Não, senhor, vamos dar um pau nesses paraguaios. E lá foram os brasileiros, argentinos e uruguaios invadir aquele país.

Para o azar dos paraguaios, foi nessa hora que apareceu o duque de Caxias, já citado neste livro, aquele mesmo que já tinha sufocado a Revolução Farroupilha, derrubado presidente no Uruguai, expulsado os hebreus do Egito e extinto os dinossauros.

Os paraguaios resistiram muito, por anos, e López não se rendeu, de modo que a situação foi saindo do controle, e, no final e após muitas mortes, a resistência paraguaia era composta apenas de uma inesperada união de idosos e crianças. (Hoje em dia, o que une bebês e velhos é a altíssima propensão a se chamarem Joaquim; o habitat natural do Joaquim é a creche ou o asilo, ou seja, o que os define é que, quando um Joaquim caga, muito provavelmente alguém precisará vir trocar a sua fralda.)

O presidente paraguaio fugiu para o mato e foi perseguido por dias, até finalmente ser acertado por uma lança que saiu da mão de um cabo brasileiro chamado... Chico Diabo.

Quem são os heróis da Guerra Civil Americana? Gente como John Brown Gordon e Rutherford B. Hayes. E os heróis da resistência francesa ao nazismo? Pierre Brossolette, Geneviève de Gaulle-Anthonioz. Quem é o herói de guerra brasileiro? Chico Diabo.

Por incrível que pareça, ele já foi para a guerra com o apelido. Vejamos a história deste brasileiro.

Chico Diabo, que na verdade se chamava José Francisco Lacerda, era (quem poderia imaginar...) gaúcho de Camaquã. Quando tinha 15 anos, Chico trabalhava fazendo linguiça e salame para um italiano que morava por ali. Foi quando ocorreu um pequeno incidente: um cachorro entrou no lugar e comeu vários pedaços de carne.

O italiano ficou puto com o relaxo do menino Chico. Eles se estranharam e o italiano começou a bater no rapaz. Chico, que não era da linha "um tapinha não dói", esticou o braço, pegou a faca que usava para cortar a linguiça e matou o velho, episódio que o faria ganhar o seu apelido.

Fugiu para Bagé, e de lá foi para a guerra. Como recompensa por ter matado Solano López, ganhou do governo brasileiro nada menos do que cem vacas, que é o nosso jeitinho de homenagear aqueles que prestam grandes serviços à nação.

Quando Solano López caiu no chão, os soldados brasileiros queriam garantir que ele estivesse morto, então um oficial pulou sobre ele e lhe cortou uma orelha, e outro cortou um dedo — que porra é essa, eles estavam fazendo uma feijoada?

Seu corpo caiu dentro do riacho Aquidabán-niguí, que é, explicam os historiadores, afluente do rio Aquidabán (agora sim você se localizou!). Foi arrancado de lá (menos a orelha, o dedo e outros penduricalhos, como se viu) e dado para seus filhos o enterrarem, porque é preciso fazer as coisas de modo humanitário, afinal.

Para o Paraguai, a guerra foi uma tragédia. Morreram cerca de 300 mil paraguaios, e quase não sobraram homens adultos no país, que empobreceu (ainda mais) e jamais se recuperou completamente.

Em comparação, dos 160 mil brasileiros que foram para a guerra, gente pra caramba, cerca de 50 mil morreram — em uma população, na época, de cerca de 9 milhões de habitantes. (Além de 18 mil argentinos e 3 mil uruguaios.)

Uma consequência da Guerra do Paraguai para o Brasil, além da garantia de eterno suprimento de churrasco na casa de Chico Diabo, foi o fortalecimento do Exército, o que faria a diferença na proclamação da República.

Além disso, os negros que participaram da Guerra do Paraguai foram alforriados, o que foi um passo importante na direção da abolição da escravidão.

DO LEBLON A CUCUÍ

O Brasil foi o penúltimo país do mundo a acabar com a escravidão.

O último foi a Mauritânia, mas, convenhamos, ser mais moderno que a Mauritânia é que nem ser mais sóbrio que o Fábio Assunção — ok, tudo bem, parabéns, mas você não está esperando um prêmio por isso, né.

A Mauritânia, esse paraíso da liberdade, do amor e do carinho, aliás, conseguiu a proeza de fazê-lo apenas em 1981.

(Para compensar o avanço humanitário na Mauritânia, em 1981 Guilherme Arantes lançou no Brasil "Terra, planeta água", aquela horrível canção ambientalmente correta que infernizou feiras e trabalhos escolares desde então, de modo que musicalmente era melhor termos ido direto de 1980 para 1982, mas infelizmente agora já foi. "Água que o sol evapora/ pro céu vai embora/ virar nuvens de algodão"? Pelo amor de Deus, isso devia dar cadeia.)

Bom, mas esqueçamos 1981 e voltemos à escravidão.

Em 1815, muito antes do Guilherme Arantes, no Congresso de Viena, as potências europeias já tinham acordado em proibir a escravidão acima da linha do Equador. A abolição no Brasil só ocorreria por completo em 1888. Ou seja, tivemos um pequeno atraso de mais de setenta anos, acontece, opa, passa rápido que a gente nem percebe, não?

A Inglaterra vinha fazendo pressão contra a escravidão. Um pouco porque havia um crescente movimento no país que se opunha a ela por questões morais. Um pouco porque o país havia se tornado uma potência industrial, e a escravidão, com aquele detalhe chato de não pagar salário para as pessoas, impede a formação de massas consumidoras para os novos produtos. Escravo não dá bola para a coleção outono/inverno da Renner, em resumo.

A Inglaterra proibiu o tráfico negreiro no Atlântico em 1845 (com a chamada Lei Aberdeen), apreendendo navios suspeitos, mas ele seguiu correndo solto. O Brasil viria a proibir a chegada de escravos nos seus portos em 1850, com a Lei Eusébio de Queirós, mas não é que ela tenha sido totalmente respeitada, além de ter reforçado o tráfico interno — existiam até "negros garanhões", mantidos apenas para engravidar as escravas, produzindo mais escravos.

Uma figura importante no abolicionismo brasileiro foi José do Patrocínio. Ele era filho de um padre (ah, Brasil...) com uma jovem escrava que engravidou quando tinha 15 anos. Uma senhora muito católica tinha cedido a moça para o padre, certamente sem imaginar o que aconteceria.

Bom, o fato é que José nasceu. O padre não o reconheceu oficialmente, mas sabia que o menino era seu filho e garantiu que ele tivesse algum conforto, vivendo como liberto. O menino era esperto e acabou entrando na faculdade de farmácia, no Rio de Janeiro.

Não estava muito feliz com o curso, e a perspectiva de acabar trabalhando na Drogasil realmente nunca é muito animadora, então Zé fez aquilo que a gente faz quando é pobre e cursa farmácia: muda para uma profissão que realmente dê futuro, como, no caso, o jornalismo.

Apesar de ser um fodido, Zé conheceu uma moça rica chamada Maria Henriqueta, uma dessas meninas que apesar do dinheiro gostam de ir beber cerveja quente num sambão no meio do povo, e ambos se apaixonaram. O pai dela era o capitão Emiliano Rosa Sena, que, como o nome indica, não era exatamente um tolerante e amigável hippie... (Hippies se chamam Sidarta, Moreno, Violeta, Luna, jamais capitão Emiliano Rosa Sena.) O poderoso capitão Sena esperava que a filha arranjasse alguém na igreja, no clube, não na micareta.

Então um belo dia Henriqueta disse ao pai que queria casar com Zé. Qualificações do rapaz? Filho de um padre com uma escrava, bem mulatinho, chama Zé, faz farmácia, mas quer mesmo é ser jornalista, tá concorrendo para uma vaga de estagiário da *IstoÉ*. Desnecessário dizer que o velho tinha suas, digamos, ressalvas. O rapaz não era exatamente o príncipe William.

A coisa maravilhosa é que, querendo ou não, ele foi obrigado a conhecer melhor o tal filho do padre, e eles se deram tão bem que o capitão passou a tratar Zé como um filho. Ambos eram inteligentes. O capitão era republicano e recebia em sua casa diversos intelectuais contra a monarquia e a favor da abolição. José passou a participar dessas reuniões e, apesar de jovem, falava coisas interessantes e se tornou amigo de todo mundo, e assim passou a parecer um genro mais decente.

José começou a escrever para vários jornais defendendo o fim da escravidão. Seus textos eram bem escritos e tinham repercussão. O capitão Sena resolveu então dar uma forcinha e lhe emprestou dinheiro para ele comprar seu próprio jornal, *A Gazeta da Tarde*, de forma que ele pudesse fazer uma campanha mais sistemática pela abolição. Pegou a filha, levou dinheiro, se meteu com os amigos do velho... Digamos que Zé já estava no limiar de fazer xixi com a porta aberta na casa do sogrão.

José passou a apoiar também um quilombo que, por incrível que pareça, ficava onde hoje está o Leblon, no Rio de Janeiro, onde se cultivavam camélias, aquela flor ornamental — na época, o Leblon ficava bem longe da cidade. Muitos anos depois o quilombo seria tirado de lá, e o Leblon passaria a ter como propósito único a filmagem de novelas do Manoel Carlos, em especial aquela cena da Carolina Dieckmann raspando o cabelo ao som de "Love by Grace" que, convenhamos, foi o grande momento deste país até aqui.

A pressão pelo fim da escravidão foi crescendo. As fugas de escravos só aumentavam, e o Exército se recusava a perseguir os fugidos. Os jornais pró-abolição faziam cada vez mais sucesso — os caras utilizavam a escrita para mobilizar a sociedade a libertar os escravos, enquanto hoje tem gente que usa todo o potencial que a língua portuguesa nos oferece para dizer quais foram as suas cenas favoritas de *Laços de família*... E a editora Record, uma editora de respeito, vai lá e publica!

Quando a mãe de José do Patrocínio, a que era escrava do padre, morreu, o sepultamento virou um ato político a favor da libertação dos escravos, com a presença de ninguém menos que Rui Barbosa, futuro autor da Constituição, Campos Sales e

Prudente de Morais, que seriam presidentes. O Zé estava ficando importante, junto com a sua causa.

O trabalho escravo já vinha sendo substituído pela mão de obra imigrante, especialmente italiana e, em grau um pouco menor, alemã. Eram uns coitados, que viviam de modo não muito diferente dos escravos. Os países europeus, quando ficaram sabendo das condições de vida dessa gente no Brasil, em especial nas fazendas de café, que havia substituído a cana como principal produto de exportação, quiseram até impedir novos embarques, o que causou certa crise diplomática.

Apesar disso, havia uma elite agrária, poderosa politicamente, que nunca aceitou o fim da escravidão. Quando, em 13 de maio de 1888, a princesa Isabel finalmente assinou a Lei Áurea, abolindo a escravidão no Brasil, muitos se revoltaram e passaram a defender a República do dia para a noite, o que ajudaria a derrubar a monarquia, no ano seguinte. Um senador botou a coisa nestes termos para a princesa: "A senhora acabou de redimir uma raça e perder o trono!"

Zé do Patrocínio foi até o palácio, onde se ajoelhou na frente da princesa e beijou as suas mãos. A sua proximidade e gratidão pela princesa e pela família real (dom Pedro II não sancionou a Lei Áurea porque estava viajando, mas certamente a apoiava) foram entendidas como fidelidade à monarquia.

Dessa forma, após a proclamação da República, Zé andaria escrevendo artigos críticos a Floriano Peixoto, o presidente. Floriano, este herói da liberdade de imprensa, ordenaria a prisão de Zé, que foi mandado para Cucuí, no estado do Amazonas, onde havia um forte que servia como cadeia.

Rapaz, eu falei que o Leblon ficava longe, mas você não sabe o que é Cucuí, que não tem essa repetição no nome à toa.

Cucuí fica a 850 quilômetros... de Manaus. Imagina um troço que fica 850 quilômetros depois de Manaus. Fica na tríplice fronteira com a Colômbia e a Venezuela. Hoje, a rodovia até lá é a BR-307. Olha que coisa maravilhosa é o verbete na Wikipédia sobre a BR-307: "A BR-307 é uma rodovia federal diagonal brasileira. Teoricamente, ela se inicia no município de Marechal Thaumaturgo, no Acre, e segue até o distrito de Cucuí, no Amazonas."

Teoricamente! O Brasil é o único país do mundo em que uma rodovia "teoricamente" começa em algum lugar. A questão é que parece que a floresta "comeu" a rodovia, chove pra cacete, algumas pontes caíram — e a estrada nunca tinha sido terminada direito de qualquer forma —, então é melhor tentar outra forma de acesso. Como um barco pelo rio Negro, que leva mais ou menos uns 140 anos para chegar até Manaus.

Ah, e tem uns índios meio agressivos no meio do caminho, loucos para botar para assar essa sua bundinha branca em que mamãe passou Hipoglós, então fica esperto.

Bom, foi para este povoado que Zé do Patrocínio foi. Em 1892. Imagina o que não era. A começar pelos mosquitos. Você é desses cheios de repelente, todo conhecedor de todas as variedades de refil do Raid elétrico, "não consigo dormir com pernilongo fazendo zum-zum no meu ouvido"? Ah, você não sabe o que são os insetos amazônicos, meu amigo.

Zé ficou um ano preso lá — a prisão não existe mais; hoje, há no seu lugar uma unidade do Exército. Quando voltou ao Rio, em 1893, estava completamente quebrado e foi morar em Inhaúma, perifona da zona norte carioca, mas que perto de Cucuí parecia Paris.

Morreria não muitos anos depois, vítima de uma tuberculose, aos 51 anos, de forma que a coisa não acabou bem para Zé, como costuma ser para os jornalistas. Deixaria Henriqueta, sua esposa, que ficou com ele até o fim, apesar do empobrecimento. Dos cinco filhos, duas meninas morreram quando eram crianças e um garoto desapareceu. Os outros dois, Maceu e Zeca, também viraram jornalistas.

É foda. (Não pelos que viraram jornalistas, claro, pelos outros. Bem...)

Voltando ao fim da monarquia, onde estávamos antes desse pequeno desvio para contar que fim levou Zé do Patrocínio, o que se pode dizer sobre a atividade de abolicionistas como ele é que eles conseguiram libertar os escravos, mas não conseguiram integrá-los à sociedade.

Marginalizados e sem instrução, a maior parte deles passou a viver uma vida paupérrima no campo ou a habitar barracos nas periferias das nossas cidades, num movimento que daria nas favelas e em toda a desigualdade que conhecemos.

Nas palavras de um observador da época, favorável à abolição, a falta de qualquer estrutura ou perspectiva aos libertos deu em "aguardente aos litros, miséria, crimes, enfermidades e morte prematura". Para variar, fizemos a coisa certa do jeito errado.

UMA VIÚVA DERRUBA A MONARQUIA

Lá por 1889, tudo conspirava contra dom Pedro II.

Além do fato de a aristocracia rural estar ressentida por causa da abolição, a herdeira do trono, a princesa Isabel, era casada com um francês, o conde d'Eu. Tá aí um coitado. Até por ser estrangeiro, a população tinha muita desconfiança sobre ele.

O conde d'Eu chegou ao Brasil recomendado por uma irmã de dom Pedro II, que o tinha conhecido pessoalmente na Europa. "Se pudesse agarrar este para uma das tuas filhas, seria excelente. Ele é robusto, alto, boa índole, muito amável e muito instruído", ela escreveu.

Feche os olhos, leitor, e imagine-se "agarrando" um homem robusto, alto e muito amável. Bateu aquela saudade do carnaval de Diamantina, né? Eita tempo bom que não volta mais... Bom, foi o que o dom Pedro II fez, arranjando o bonitão para a filha.

Não foi fácil para o alto, robusto e muito amável conde d'Eu.

Os republicanos tinham os seus jornais. Atacar o imperador era meio desagradável e podia dar cana. Como derrubar a monarquia, então? Era óbvio: atacando o coitado do estrangeiro que provavelmente herdaria o poder com a morte de dom Pedro II.

Tudo era culpa do conde d'Eu. Crise econômica? Foi o conde d'Eu. Infraestrutura deficiente? Conde d'Eu incompetente. Enchente no Rio? Conde d'Eu. WhatsApp visualizado e não respondido? Conde d'Eu. Meia molhada, bater o cotovelo, serviço de bordo da Gol? Conde d'Eu, conde d'Eu, conde d'Eu em tudo que é desgraça.

O coitado do francês chegou a escrever em uma carta: "Estou cansado de ser usado aqui como bode expiatório pela imprensa, ostensivamente responsabilizado por tudo, sem, na realidade, ter voz nem influência", #magoei.

O imperador também não ajudava muito. Não convidava o conde para participar de nada, não contava para ele nada do que estava acontecendo. Frustrado, o príncipe se afastou da vida pública, foi para Petrópolis e passou a dedicar-se à criação dos três filhos. Levava-os todos os dias para passear, acompanhava-os em aulas de ginástica. O que aconteceu, então? Repórteres republicanos foram até tais aulas e escreveram que as crianças eram desengonçadas... (De modo que, claro, a dinastia real estava comprometida por diversas gerações.)

É difícil saber o que se passava pela cabeça do imperador, mas aparentemente ele próprio não achava que a continuidade da monarquia fosse uma boa ideia, até pela falta de um sucessor decente. Talvez dom Pedro II, homem culto e viajado, até simpatizasse com a república como forma de governo.

A essa altura, parte do Exército vinha se contaminando mais e mais com ideias republicanas, e dom Pedro II não se esforçou muito para acabar com isso. Como diria Sérgio Buarque de Holanda, "o cara ligou o foda-se, meu". (Bom, Buarque de Holanda diria algo como "o imperador optou por uma postura não belicista ante o crescente alarido revolucionário", o que no fim é a mesma coisa.)

Em 15 de novembro de 1889, quando dom Pedro II tinha 64 anos, um grupo de militares rebeldes, liderados pelo marechal Deodoro da Fonseca, se reuniu no Rio de Janeiro e proclamou a República.

A questão é que Deodoro não era republicano — pelo contrário, era monarquista desde sempre. O Brasil conseguiu a proeza de ter a República proclamada por um monarquista, em detrimento de um monarca republicano. (Este é um país que obriga a gente a beber.)

Os fatos daquele insólito dia de 15 de novembro se passaram assim:

A verdadeira história da proclamação da República

Deodoro tava lá com seus manos, lá na sua quebrada, comendo pão de alho e bebendo Jurupinga.

Apareceu uma turma do Partido Republicano dando ideia errada.

"Vamos derrubar a monarquia, Deodoro, vamos derrubar a monarquia."

Eles precisavam de Deodoro, porque só ele tinha posição hierárquica e legitimidade para mobilizar o Exército. Pela via política não dava: o Partido Republicano só tinha dois (dois!) deputados, o povo não estava engajado na luta contra a monarquia. Eles precisavam das Forças Armadas.

Deodoro respondeu: "Pô, pessoal, não é assim, vamo comê um pão de alho aí, deixa a vida me levar, vida leva eu."

Os caras insistiram: "Deodoro, ajuda aí, quebra essa, é a chance."

E o Deodoro lá, desconversando, "não tenho nem roupa para esse negócio de proclamar a República, depois o que vão dizer, isso aí de sair de casa agora vai dar uma mão de obra, acho até que vai chover"...

Deodoro inclusive se considerava amigo do imperador. Pouco tempo antes, tinha escrito uma carta para um sobrinho dizendo que "república no Brasil é coisa impossível, porque será uma verdadeira desgraça. O único sustentáculo do Brasil é a monarquia. Se mal com ela, pior sem ela".

Até que os republicanos optaram por um golpe baixo: inventaram que o visconde de Ouro Preto, que era então o primeiro-ministro de dom Pedro II, tinha expedido uma ordem de prisão contra Deodoro, acusando-o de conspiração.

Deodoro acreditou nessa bobagem. "Puta que o pariu, filho da puta", teria dito, sempre segundo Sérgio Buarque de Holanda, mas às vezes Serginho inventava essas coisas. "Ele vai me mandar flores? Ele vai me pagar um vinho? Vai me levar para comer sushi? Porque ele tá querendo me foder!", exclamou Deodoro, putaço da vida. (Welder Rodrigues é o gênio por trás dessa piada multiuso.)

Então Deodoro pegou o revólver, deu a última mordida no pão de alho, botou a chinela Rider e saiu pro pau junto com os parças do Exército. A Gaviões da Fiel baixou inteira na porta do palácio no centro do Rio de Janeiro e exigiu a demissão do visconde de Ouro Preto, que, muito destemido, ficou assustado e pediu demissão ele próprio antes que a coisa ficasse mais feia.

Aí Deodoro falou que, bom, então tá tudo resolvido, tudo certo, viva a paz, "imagine all the people", vamos voltar.

O pessoal do Partido Republicano tinha acompanhado todo o deslocamento — houve quem tenha ido na caçamba da Pampa que Deodoro tinha na época, no porta-malas do Corcel do Floriano Peixoto, deram caixinha pra taxista levar quatro pessoas no banco de trás, ninguém queria perder o show. Aí eles se desesperaram: trouxemos o cara até aqui para ele voltar para casa agora?

Para a felicidade dos republicanos, começou a circular o boato — pior que, desta vez, verdadeiro — de que dom Pedro II já tinha escolhido o substituto para o visconde de Ouro Preto.

O homem, o mito, o glorioso: Gaspar da Silveira Martins.

Não? Como assim você não conhece Gaspar da Silveira Martins?!

Bom, Gasparzinho foi um político gaúcho (na verdade nascido no Uruguai, mas fizeram um contrabando) bastante relevante: senador, governador do Rio Grande do Sul e ministro da Fazenda. Um homem experiente.

O problema: Deodoro odiava Gaspar.

O motivo? Uma mulher. Quarentona.

Seis anos antes, Deodoro morava no Rio Grande do Sul. Havia lá uma viúva muito ajeitada, chamada baronesa do Triunfo, àquela altura com 45 anos, que, segundo quem viu, era uma belezura, um espetáculo, que graça.

Deodoro ficou louco. Dava tudo para ter a atenção daquela mulher, que não dava muita bola para ele. Mudou o corte de cabelo, comprou uns potes de whey para ganhar massa muscular, financiou carro conversível. E ela nem aí. Poucos sabem, mas quem escreveu "ô menina deixa disso/ quero te conhecer/ vê se me dá uma chance/ tô a fim de você" foi Deodoro da Fonseca — Felipe Dylon apenas recuperou os originais manuscritos no período em que trabalhava como arquivologista e restaurador na Biblioteca Nacional.

Até aí, tudo bem. "Eu não pego, mas ninguém tá pegando também", dizia Deodoro, que era um cara grosseiro. Até que... Até que! Adivinha. Adivinha quem apareceu.

Apareceu o nosso Gaspar da Silveira Martins, todo gatão, todo alterna, todo barbudinho, "gata, tem um show de uma banda de indie rock basco na sexta para a gente ir". Ele falava coisas sobre o dia em que tocou com o Radiohead numa taberna "que ninguém conhece" em Manchester e da vez que fumou maconha com o Caetano, o Bob Dylan, o Hemingway, o Pedro Bial e o Whindersson Nunes num festival de literatura somali em Praga. A baronesa caiu.

Deodoro ficou chateadíssimo, na maior fossa, tudo o lembrava da baronesa, só quem já amou demais e teve o coração machucado sabe o que sofreu esse homem. Pouco depois largou o Rio Grande do Sul, foi para o Rio e achou que nunca mais teria que ouvir falar dessa infeliz. Mal esperava ele.

Deodoro então reuniria o Exército e bradaria o fim da monarquia, com a deposição de dom Pedro II.

Aqui cabe um esclarecimento: parece piada, mas tudo que estou contando aqui, tirando obviamente algumas frases e um comentário absurdo ou outro (não, Deodoro não tinha uma Pampa nem Floriano tinha um Corcel...), é absolutamente verdade, inclusive toda a relutância de Deodoro em proclamar a República, a parte do visconde de Ouro Preto, a história da viúva gaúcha e a decisão final de Deodoro de derrubar o governo.

Quando tudo isso aconteceu, sabe o que dom Pedro II fez? Nada.

"Se assim é, será minha aposentadoria. Trabalhei demais e estou cansado. Agora vou descansar", disse ele. A família real ficou confinada no palácio, já cercado por republicanos. Enquanto isso, dom Pedro II ficou... lendo livros.

Os republicanos estavam tão constrangidos que nem tiveram coragem de ir falar com o imperador. O próprio Deodoro estava mais sem jeito que o Nissim Ourfali naquele vídeo do bar mitzvah.

Mandaram um coitado de um major ir lá falar. O indivíduo foi recebido e, visivelmente com vergonha, chamando dom Pedro II de "vossa majestade" (cara, você acabou de derrubar a monarquia!), avisou que a família real teria de deixar o país.

"Vossa majestade tem algo a dizer?", perguntou.

"Não."

"Então posso me retirar?"

"Pode."

Foi a única revolução do mundo que acabou com um revolucionário vitorioso perguntando para o derrotado se poderia se retirar.

As mulheres começaram a chorar. Os homens se mostravam nervosos. Só dom Pedro II parecia não estar nem aí, viajandão no Prozac.

A família real logo embarcaria para Portugal e dom Pedro II nunca mais voltaria ao Brasil. Quando estava saindo do palácio, até por hábito, vários homens do Exército se colocaram em continência para imperador, que respondeu levantando o chapéu. (Não foi bem assim na Revolução Francesa, sabe.)

Nas ruas, "o povo assistiu bestializado", segundo frase do jurista Aristides Lobo que ficou famosa, sem entender direito o que estava acontecendo. A República teve zero apoio popular.

Ainda naquela noite de 15 de novembro de 1889, em uma reunião na casa de Deodoro, alguém levantou essa questão, e ficou combinado que seria feito um plebiscito para que o povo decidisse se queria a monarquia ou a república. O que foi feito. Em 1993! Apenas 104 anos depois.

É mole? Teve até propaganda eleitoral na TV. A república ganhou. Se a monarquia tivesse ganhado, teriam que ir buscar os descendentes da família real, que inclusive estão no Brasil — atualmente o príncipe herdeiro é bicheiro no Engenho de Dentro. (Tá, na verdade eles moram em Petrópolis e até são gente mais ou menos normal.)

Bom, lembra-se da imperatriz Teresa Cristina, aquela que quando jovem era gata na foto e feia pessoalmente, que 47 anos antes havia ensejado uma puta cena de dom Pedro II ao conhecê-la e que depois disso se apaixonou pelo Brasil e adotou o país?

Então, rapaz, receio que eu tenha uma má notícia. Você vai ter que ser forte: ela faleceu.

Bom, óbvio que a essa altura ela já morreu, mas a questão é quando. Ela morreu apenas três semanas após a família real chegar a Portugal, muito frustrada e magoada.

Ou seja, além de tudo dom Pedro II ficou viúvo.

Ele então se mudou para Paris. Viveria apenas mais dois anos, período em que ficou muito solitário e morou em hotéis sem grandes luxos, inclusive precisando contar com a ajuda financeira de amigos — Deodoro havia oferecido uma indenização a ele, mas o imperador recusou. Morreria em 1891, vítima de uma pneumonia.

Os republicanos tentaram abafar a notícia da sua morte, mas isso não evitou manifestações de condolência em todo o país, com missas, lojas fechadas e bandeiras a meio mastro, sem falar nas roupas pretas que fizeram o país ficar parecendo um encontro de góticos por uns dias. Nem em show do Evanescence se viu coisa parecida.

Por que as pessoas gostavam tanto de dom Pedro II, inclusive os revolucionários que, constrangidos, o derrubaram? Por quatro motivos, basicamente:

1) A austeridade. A corte não era luxuosa. Dom Pedro II era zero "tô tirando onda de Camaro Amarelo", nada ostentação, nada de cordão de ouro de rapper americano.

O imperador nem gostava daquela roupa de rei, com coroa e toda aquela coisa ridícula e afetada. Não é também que vestisse havaianas, camiseta regata da Riachuelo e calça de tactel "marca-rola", né, mas andava por aí com camisa, calça preta, gravata e um paletó. Só vestia o "manto imperial" uma ou duas vezes por ano, em cerimônias oficiais.

Em viagens ao exterior, andava de trem no meio das pessoas, às vezes sozinho com a esposa, e se hospedava em hotéis sob o nome de "Pedro de Alcântara", sem sinalizar sua condição de imperador. "Vossa Majestade" virava, para a moça da recepção do Ibis, "aquele Pedro do 308 que ligou pedindo mais papel higiênico lá no apartamento dele com certa urgência".

Dessa forma, o povo não se sentia esfolado trabalhando que nem um camelo para bancar um monte de vagabundo — havia pouquíssimos agregados vivendo de dinheiro público. A corte representava, em 1840, 3% dos gastos públicos. Em 1889, esse valor tinha caído para 0,5%.

Até os bailes tinham sido suspensos por dom Pedro II — exceção foi o Baile da Ilha Fiscal, famosa festança poucos dias antes da queda da monarquia. Foi ideia do idiota do visconde de Ouro Preto, que queria mostrar com a festa o quanto o regime ainda estava sólido e poderoso. Foram convidadas 4.500 pessoas. Teve 10 mil litros de cerveja e 304 caixas de vinho e champanhe, o que dá uns 3 litros de álcool por pessoa, que é mais ou menos a conta que o saudoso Catra usava nas festas que promovia. Teve banda também, que mandou ver uma "Macarena". (Na verdade, eles estavam tocando polca, que é uma dança tcheca, da República Tcheca, não confundir com o ralando a tcheca, que foi outro movimento musical brasileiro posterior.)

No final da festa, o pessoal da faxina encontrou até roupas íntimas femininas perdidas, para você ver o que a tataravozinha fazia no fluxo. (Como lembra o guru Eduardo Bueno, na época não tinha camisinha, senão tinham achado.)

Dom Pedro II compareceu, mas não gostou — foi embora à uma da manhã, antes mesmo de servirem o jantar, enquanto o pessoal ficou até as cinco. Esse esbanjamento de dinheiro não era a dele.

2) O homem era trabalhador. Rapaz, você pode ter caído no conto do João Dória trabalhador, mas dom Pedro II era mesmo. Levava a sério o seu dever, acordando às sete de manhã e trabalhando até tarde da noite.

O curioso: não é que dom Pedro II gostasse propriamente de ser imperador. Em vários momentos ele afirmou ver o cargo como um fardo que o destino lhe colocara, dizendo que preferia se dedicar à leitura e à pesquisa científica, que era o que realmente o encantava.

Isso explica um pouco a sua falta de resistência ante os republicanos — se ele quisesse ter se segurado no poder, teria conseguido facilmente, até pelo imenso apoio popular.

3) A benevolência. O imperador não era autoritário. Cooperava com os políticos e tinha uma personalidade paciente e tolerante. Havia em boa medida liberdade de imprensa, coisa que se perderia com a República (lembra-se do coitado que Floriano Peixoto mandou para Cucuí?).

4) A honestidade. Dom Pedro II não era conivente com a corrupção, nunca passou a mão na cabeça do Eduardo Cunha por ele ser da base aliada. Era até meio radical nesse ponto: "Despesa inútil também é furto", disse certa vez.

O único porém do reinado de dom Pedro II (e também do período em que seu pai esteve no poder) foi o pequeno crescimento econômico.

No Império, era difícil abrir uma empresa ou conseguir empréstimos, muito limitados pelo governo. A consequência: de 1820 a 1890, a renda per capita do Brasil foi de 670 para 704 dólares — um aumento de quase nada. Mais ou menos no mesmo período, os Estados Unidos foram de 1.300 para 4 mil dólares. Foi aí que ficamos para trás. É por isso que hoje eles têm *Velozes e furiosos* e a gente fez no máximo *Carga pesada*.

Em 1890, 17% da população brasileira era alfabetizada, contra 87% da americana. Curiosamente, o todo culto imperador, amigão do Darwin e frequentador de debate sobre cinema ucraniano no Itaú Cultural, não se importou muito em fazer o pessoal ler — e também não criou nenhuma universidade.

Apesar disso, é difícil não considerar especialmente tristes os dois anos finais e solitários de dom Pedro II em Paris. Infelizmente, pareceu ingratidão brasileira.

República

UM REPUBLICANO DESEJO DE MATAR

Spoiler. Em pouco mais de um século, a República teria:

1) Duas grandes ditaduras e outros vários "momentos ditatoriais" menores;
2) Sete constituições;
3) Quase uma dezena de presidentes tirados do poder ou impedidos de assumir;
4) O Congresso Nacional dissolvido uma porrada de vezes.

Não é ser monarquista — a ideia de que alguém deveria governar porque nasceu no lugar certo é bem ridícula, e para cada dom Pedro II decente que aparece surgem outros cinco malucos no caminho, como o próprio pai dele, aquele do pinto louco. (E mesmo dom Pedro II, como vimos, não foi lá essas coisas na economia.) Além disso, convenhamos, os Estados Unidos são uma república desde sempre e nunca tiveram ditadura, Congresso dissolvido ou presidente eleito impedido de assumir — teve uns que levaram uns tiros, ok, mas vocês também querem tudo.

Da nossa parte, porém, ainda não conseguimos fazer essa coisa de república funcionar.

Com a queda da monarquia, foi estabelecido um governo provisório, liderado por Deodoro da Fonseca, quem mais seria, aquele monarquista que os republicanos tiraram da churrasqueira para derrubar o antigo regime.

Deodoro tinha nascido numa cidade chamada Alagoas da Lagoa, em Alagoas. Por mais que seja gostoso falar "Alagoas da Lagoa", é de se pensar que tipo de idiota dá um nome desses para uma localidade, mas o fato é que a cidade ainda está lá, embora hoje leve o nome de Marechal Deodoro. (Ou seja, sempre dá para piorar.)

Militar desde sempre, de família militar, a vida de Deodoro é meio tediosa. Ele não tinha nada de divertido. O cara era mais chato que aula do Proerd.

Além disso, seu governo foi um horror.

Os gênios do governo liberaram de uma vez o crédito, estimulando os bancos a darem dinheiro emprestado barato para todo mundo, supostamente para incentivar o desenvolvimento da indústria.

Resultado: inflação — se você distribui dinheiro, ele começa a valer cada vez menos...

Além disso, o excesso de dinheiro dando bobeira aumentou muito a demanda por ações de empresas na Bolsa de Valores, fazendo os preços desses papéis subirem muito. As empresas passaram a valer muito mais do que seria o justo, considerando a sua produção ou o seu lucro — tinha empresa que nem existia de verdade sendo negociada a preços altíssimos.

Um dia ficou claro que era tudo ilusão, as ações desabaram, um monte de gente perdeu dinheiro, a inflação corroeu o poder de compra da população, foi uma desgraça. É a chamada crise do encilhamento — "encilhamento" é o que se faz com o cavalo antes de ele correr, porque a especulação na Bolsa parecia com as apostas de cavalo.

Muita gente perdeu muito dinheiro. Os brasileiros ficaram abalados com esse negócio de Bolsa de Valores. Trauma mesmo.

Para botar em perspectiva, imaginemos algo muito traumático. Pense, sei lá, que você está todo bonitão num restaurante bacana que costuma frequentar nos Jardins e resolve ir ao banheiro.

Vai fazer aquele pipizinho e, quando chega lá, quem é que está se aliviando no mictório do lado? Ele mesmo, nosso José Serra, e num golpe involuntário de visão você acaba batendo o olho na veterana anaconda do senador. Não há botão "desver" nesta vida. Não haverá sono pacífico, a imagem daquele pipi old school há de perseguir a sua mente por noites em claro. Que trauma.

Agora, o que é pior: isso ou perder 100 milhões? Basta fazer a conta inversa: por 100 milhões, você toparia ver tal cena? Ah, meu amigo, se quisesse ele podia até fazer o pintocóptero, não é mesmo? Você assistia com um sorriso no rosto e pedia até uma pipoca que eu sei. Eis o que queríamos demonstrar: a grana a tudo se sobrepõe, então se compadeça pelos coitados que perderam dinheiro no encilhamento, porque estes sim sabem o que é trauma.

O sofrimento desses infelizes ajuda a explicar, aliás, por que até hoje a Bolsa de Valores do Brasil é tão pequena e por que nosso mercado de capitais nunca deslanchou. A Bolsa tem uma péssima reputação no Brasil.

Nesse caos, a tensão entre o parlamento e Deodoro crescia. Deodoro se incomodava com os deputados querendo dar palpite no seu governo.

Irritado com as críticas, especialmente da crescente oposição, mandou o Exército fechar o Congresso e prender deputados de quem não gostava. Decretou estado de sítio e suspendeu a liberdade de imprensa, ou seja, proibiu os jornais de seguirem criticando o seu governo. Era um democrata, o Deodoro.

O problema é que faltou combinar com a Marinha, sobre a qual Deodoro não tinha a mesma autoridade. O pessoal da Marinha, à época conhecida como Armada, achou as prisões inaceitáveis. Pegaram os navios, viraram os canhões para o Rio de Janeiro e ameaçaram bombardear a cidade se Deodoro não parasse com a palhaçada.

Ou seja, a República conseguiu a proeza de ter a sua primeira crise institucional grave, com Congresso fechado, deputado preso e a Marinha ameaçando bombardear a capital (!) em apenas dois anos. Perto do Brasil, *House of Cards* é a Peppa Pig das tramas políticas, coisa para crianças.

Quando viu que ia dar merda, Deodoro renunciou, para evitar uma guerra civil, ainda mais opondo o Exército e a Marinha.

Foi substituído por outro militar, o Floriano Peixoto, mais uma nulidade. Depois disso, começaria a chamada República do Café com Leite, em que políticos paulistas (café) e mineiros (leite), os dois estados mais importantes da federação, fizeram um pacto de apoio mútuo que garantiu que eles se alternassem no poder — um paulista, aí um mineiro, depois um paulista de novo... Fizeram isso até 1930, ou seja, por mais de trinta anos. Esse período também é conhecido como Primeira República ou República Velha.

E que tipo de gente seriam esses políticos aliados de Minas Gerais e São Paulo? Obviamente a elite rural desses estados. Você não achou que fossem ser o Samuel Rosa e o Mano Brown, né? (Teríamos legalizado a maconha uns cem anos antes do Uruguai.)

E o que esses caras fizeram? Construíram escolas num país cheio de analfabetos? Não. Desenvolveram uma infraestrutura decente para conectar o país? Não. Utilizaram dinheiro público para comprar o café que eles próprios produziam, aumentando o preço do produto e embolsando os lucros? Opa, mas é óbvio. (Muitos anos depois, sem ter o que fazer com o café em meio a uma crise internacional, o governo brasileiro tacaria fogo, literalmente, nos estoques que havia comprado dos cafeicultores, para você ver as nossas prioridades.)

A estabilidade criada pelo acordo entre paulistas e mineiros não significa, porém, que tudo tenha sido paz e amor na República Velha.

Comecemos pelo interior do Nordeste. Era uma miséria terrível. Tinha seca ano sim e no outro também.

Até que apareceu um sujeito chamado Antônio Conselheiro.

Toninho nasceu em 1830, ainda no Império, em Quixeramobim, que naquela época era outra das tantas localidades já citadas neste livro que ficava no meio do caminho entre a puta que o pariu e a casa do caralho, no interior do Ceará. Embora não tivesse formação em direito, trabalhava como advogado para todo tipo de infeliz e ferrado que aparecia no interior do Estado — na época, isso era permitido.

A mulher reclamava muito que Antônio só queria saber de ajudar pobre, que não falava de outra coisa, só sabe conversar sobre carnê das Casas Bahia, sobre secar tênis atrás de geladeira e sobre ficar comendo amostra grátis no Extra.

Num belo dia de 1861, Tonho voltou mais cedo para casa e flagrou a mulher na sua própria cama com um sargento da polícia.

Toninho tinha certa vocação para corno manso — como diria aquele clássico de Tom Jobim, "o meu nome é Dejair, facinho de confundir com João do Caminhão". Mas levar chifre de PM já é demais, ainda mais para um cara meio "eu fecho com o Freixo" como Antoninho, ex-aluno de ciências sociais, "Guarani Kaiowá" no Facebook, aquele tipo todo.

Corno abatido, corno triste, Antônio passou a peregrinar pelo sertão do Nordeste, sem rumo. O chifre desilude o cidadão.

Um jornal de Estância, em Sergipe, escreveu em 1874 que havia aparecido na cidade um maconhei... quer dizer, um "misterioso personagem", que tinha uma "camisa azul pessimamente suja, cabelos mui espessos e sebosos entre os quais se vê claramente uma espantosa multidão de piolhos". Aquele famoso look que faz sucesso no Baixo Augusta, enfim.

Infelizmente, a retrógada polícia da Bahia não era muito adepta do visual "faça amor, não faça a barba", e, quando Antônio apareceu por lá, ele acabou detido. Corria um boato de que aquele sujeito estranho teria matado a mulher e a mãe.

Ele foi levado de volta para o Ceará sob os sempre amorosos cuidados, mimos & paparicos da polícia, onde finalmente se constatou que a sua mulher estava viva e que a sua mãe havia morrido quando ele tinha 6 anos. Desnecessário dizer que a simpatia de Antônio pelos policiais só crescia. Tava quase o Guilherme Boulos.

Uma vez solto, ele e seus piolhos voltaram para a Bahia.

Mais ou menos como Forrest Gump, ele começa a ser seguido nas suas caminhadas, que adquirem um tom cada vez mais religioso. Logo se forma uma grande comunidade de pobres que acompanha Antônio Conselheiro aonde quer que ele vá. Imagina a compra e venda de cosméticos Jequiti que não rolava. Haja Monange!

Falando sério: o Nordeste de então era repleto de miseráveis. Enquanto os bonitões da aristocracia rural de São Paulo e Minas brincavam de poder, multidões não tinham o que comer no interior dos estados mais ao norte. A grande seca de 1877 só havia aumentado esse contingente. O Brasil era ainda mais desigual do que hoje. A posterior libertação dos escravos faria com que ainda mais gente passasse a seguir Antônio Conselheiro, que falava numa terra prometida onde não haveria fome nem sofrimento.

O tal paraíso prometido, veja como é fácil alegrar os seres humanos, não era nem Paris com seus estrelados restaurantes nem Viena com a sua Orquestra Filarmônica, mas apenas Canudos, uma quebrada no interior da Bahia da qual ninguém nunca tinha ouvido falar.

Muito católico, Conselheiro estabeleceu ali em 1893 uma sociedade igualitária, em que toda a produção de alimentos era dividida por todos, de modo que fome ninguém passava. Conselheiro ficou uns trinta anos peregrinando pelo sertão, de modo que a essa altura ele já tinha uma quantidade razoável de seguidores.

Além disso, a notícia de que havia uma sociedade livre (e com comida) no interior da Bahia se espalhou, e milhares de pessoas foram para Canudos.

Os grandes donos de terras das regiões próximas começaram a se incomodar: que história é essa de pobre criando o hábito de comer?! Imagina se a moda pega... E se os nossos serviçais forem todos embora?

Quando veio a República e a separação entre Igreja e Estado no Brasil, Conselheiro começou a dizer que isso representava "o fim do mundo", e não era modo de dizer, como em "ai, Gertrudes, não é porque eu deixei a toalha molhada em cima da cama que é o fim do mundo". Ele era muito religioso e realmente acreditava que o mundo estava acabando, e o fim da monarquia era sinal disso.

Digamos que dar a entender que Deodoro, Floriano & Amigos de Pagode eram a encarnação do Satanás não fez muito bem para as relações de Conselheiro com o governo central. Àquela altura, Canudos já tinha 25 mil habitantes — para se ter uma ideia, era mais ou menos a população de Curitiba na época — e, dessa forma, estava chamando a atenção do governo.

Inimiga dos poderes locais e do poder federal, era questão de tempo até tentarem desmantelar a cidade.

Em outubro de 1896, o pessoal de Canudos fez uma coisa absurda. Eles haviam comprado uma remessa de madeira de Juazeiro para construir uma igreja. Pagaram direitinho. Mas o pessoal da madeira deu aquele migué e não entregou a mercadoria.

Começou uma boataria de que o pessoal de Canudos ia invadir Juazeiro atrás da madeira, o que nem era verdade. As autoridades de Juazeiro pediram apoio do governo estadual da Bahia. O governador, mui compreensivo, mandou cem homens, que em 24 de novembro partiram rumo a Canudos para dar uma sova nesses desgraçados que compraram madeira e depois espalharam boatos de que talvez quisessem receber o produto pelo qual pagaram.

Contando com uma vitória fácil, os soldados foram recebidos a bala e tiveram que fugir. Dez morreram.

Aí acabar com Canudos virou questão de honra para o governo da Bahia. Poucos meses depois, mandaram uma expedição maior, agora com 250 homens. Nem pisaram em Canudos. Ainda na entrada da cidade, choveu bala de tudo que é lado. Morreram cerca de cem soldados. Foi a segunda derrota do governo estadual contra o povo de Canudos.

Quando ficou sabendo disso, Prudente de Moraes, então presidente, ficou louco da vida e o governo federal assumiu a repressão contra Canudos.

Prudente chamou para essa missão o coronel Antônio Moreira César. Ele tinha um destes apelidos, que você pode adivinhar:

a) Antônio "Ursinho Carinhoso" César;
b) Antônio "Lambidinha no Pé do Ouvido" César;
c) Antônio "O Amor é o Calor que Aquece a Alma" César;
d) Antônio "500 Dias com Ela" César;
e) Antônio "Corta Cabeça" César.

Pois é, ele não era fã de Jota Quest nem de filme da Zooey Deschanel. O "Corta Cabeça" era uma homenagem dos seus amigos à história de César.

Em 1884, ele já tinha feito a fofura de matar um jornalista que falara mal do Exército. Pegou mal até entre os outros militares, que o mandaram para Mato Grosso, que era, na época, nas palavras do grande jornalista Euclides da Cunha, "a Sibéria do nosso Exército" — as transferências serviam para punir aqueles que se comportassem mal. (Euclides da Cunha não era muito chegado às maravilhas do Centro-Oeste, como se vê. *Os sertões*, seu grande clássico sobre a Guerra de Canudos, começa, como se sabe, assim: "Primeiramente, Cuiabá é um calor do inferno, uma desgraça completa. Dito isso, o sertanejo é antes de tudo um forte...", e por aí vai.)

Quando voltou da Sibéria tropical, Cesinha ainda matou mais de cem na Revolução Federalista, que ocorreu no Rio Grande do Sul a partir de 1893.

Em Canudos, o Corta Cabeça foi pro fight com 1.300 homens. A história de que o arraial seria dizimado se espalhou. A essa altura, gente de todo o Nordeste já admirava Conselheiro, considerado uma espécie de messias, reencarnação de Jesus. Muitos foram voluntariamente até Canudos para ajudar a cidade a se defender.

Foi uma porradaria louca. As tropas invadiram Canudos. Na defesa da cidade, tinha gente atacando com arma, com faca, recitando trecho de livro do Mario Sergio Cortella, qualquer coisa que pudesse desestabilizar o inimigo.

Ficaram famosos os atiradores de Canudos que mataram uma porrada de gente do alto das torres da igreja — hoje esses militares Nutella diriam "os snipers inimigos", mas na época era "aqueles putos ferrando a gente do alto".

Depois de cinco horas de troca de tiro, os caras lá de cima da igreja já estavam confiantes pra caramba, se achando os Rambos de Cristo. Estava feia a coisa para as tropas do Corta Cabeça.

Aí o gênio do milico teve a brilhante ideia de ir até a linha de frente dar uma força para a sua tropa, incentivar os meninos, falar umas frases motivacionais, "as pedras que hoje atrapalham sua caminhada amanhã enfeitarão sua estrada", "no fim tudo dá certo, se não deu certo é porque ainda não chegou ao fim" — enfim, Corta Cabeça, além de assassino serial, também era coaching de liderança, dava muita palestra para startup, era um cara antenado nos trends de engagement.

Quando foi se meter a ir para a linha de frente, adivinha o que aconteceu com esse trouxa?

Óbvio que levou um pipoco na barriga e morreu, para aprender a largar de ser besta.

Pior que não morreu na hora, mas ficou lá agonizando, morrendo de vergonha da estupidez que cometera.

Enquanto Corta Cabeça ficava nesse "morre, não morre", em seu lugar assumiu o comando das tropas uma outra besta, chamada Pedro Tamarindo, um cara meio gordinho que não parecia saber direito o que estava fazendo.

Depois de mais sete horas de combate, totalizando já treze, o tal do Tamarindo viu que ia dar errado e resolveu recuar com as tropas.

A única explicação para alguém levar treze horas para decidir parar de levar tiro é a hipótese de ter algum fetiche sexual bélico, porque de resto não faz o mínimo sentido. (Isso me lembra aquela piada do cara que, quando um outro pega nos seus genitais, reage muito convicto: "Você tem meia hora para tirar a mão daí!")

Numa debandada meio desesperada, no momento em que Tamarindo cruzava um córrego a cavalo, acabou levando um tiro. Caiu de cima do animal no meio da água, tendo sido deixado para trás pelos colegas desesperados.

Os combatentes de Canudos pegaram o corpo do sujeito depois e o empalaram — se você não sabe o que é empalar, ó jovem leitor puro, tal técnica artesanal envolve enfiar uma estaca por aquele lugar lá mesmo que você está imaginando. A obra de arte resultante foi deixada na beira da estrada, para servir de boas-vindas a eventuais novas expedições do governo que viessem atacar Canudos.

(Quem nunca se envolveu numa guerra com o governo federal e perdeu um pouco a linha nos quesitos elegância e boas maneiras, não? É, eu também, essas coisas acontecem.)

Corta Cabeça viu isso tudo acontecer e, pouco antes de morrer, ainda fez constar numa ata (quem é que estava fazendo uma porra de uma ata a uma altura dessas?!) que, se tivesse saído vivo desse merdaral todo, teria pedido para sair do Exército, porque era muita humilhação. Seu corpo, pelo menos, não foi deixado para trás, de modo que este rabicó, pelo menos, foi poupado.

O susto e o trauma foram tão grandes que as tropas fugidas andaram por 200 quilômetros até parar; 200 quilômetros! Isso é que é medo dos caras atirando de cima de igreja.

Foi uma das maiores vergonhas para a então jovem República, uma humilhação completa, uma fuga de 200 quilômetros, os dois principais comandantes mortos, um deles com uma estaca no... é, pois é, a desmoralização total. Para melhorar, conheça alguns líderes da resistência de Canudos: Pajeú, Pedrão, Abade. Pô, perder até vai lá, mas coronel e o diabo perdendo pro Pajeú e pro Pedrão?!

A repercussão no Rio de Janeiro foi enorme, ainda mais quando se espalhou a informação de que Conselheiro era monarquista.

Os jornais monarquistas vibraram com isso — o governo federal proibiu a sua circulação, e um diretor de redação chegou a ser assassinado em condições muito estranhas.

Para ferrar tudo, os gênios que perderam a batalha deixaram todo tipo de arma para trás, várias nas mãos dos mortos, de forma que agora Canudos estava muito bem armada.

Em 1897, o governo federal mandou quase 10 mil homens na quarta tentativa de atacar Canudos — lembrem-se, para termos de comparação, de que na terceira eram 1.300, para você ver como eles estavam levando esse troço a sério.

Foram meses de cerco e combate, de junho a outubro. Em setembro, morreria Antônio Conselheiro. Vítima de um tiro? Não. De um rojão lançado por bazuca em direção ao véio? Não, até porque a bazuca só surgiria na Segunda Guerra Mundial.

Conselheiro morreria vítima de uma... bom, de uma caganeira — no livro do Boris Fausto deve estar escrito disenteria, porque o homem é elegante, né, se é que ele entra nessa questão, digamos, fecal. Num belo dia, Conselheiro sentiu aquele revertério, foi atrás da moita, pensou "puta que o pariu, é hoje que eu deixo a alma aqui" e acabou que deixou mesmo, literalmente.

Não se sabe o que é que ele tinha comido — embora eu sempre suspeite de food truck, aquele negócio não tem banheiro, vai saber. Tinha 67 anos, o que para a época era bastante.

Canudos resistiu bravamente, mas as forças do governo federal eram grandes demais e não teve jeito. Uma parte da população chegou a se render, com a promessa de que não seriam mortos — mas, quando eles se entregaram, adivinhem o que aconteceu?

(Prezado leitor, dica para a vida. Suponha que, em algum momento, por acaso vossa excelência e seus parças aí da nobre quebrada que vocês habitam resolvam se sublevar contra o governo, pegar em armas, entrar no pau, aquela rebeldia toda. Suponha ainda que, infelizmente, por esses percalços imprevisíveis da vida, a coisa dá ruim, vocês acabam se vendo cercados pela PM, pelo Exército, pelos escoteiros, enfim, a situação pode ter diferentes graus de seriedade. Como você já deve ter percebido lendo este livro, se alguém disser que é para vocês se renderem que vai ficar tudo bem, a lição histórica é que eles vão sim matar vocês, óbvio, larga de ser trouxa.)

No dia 5 de outubro de 1897, o Exército mataria os quatro últimos moradores de Canudos.

Euclides da Cunha, espetacular jornalista já citado que foi cobrir a Guerra de Canudos para o *Estadão* (sim, já existia o *Estadão*), escreveu assim:

> Canudos não se rendeu. Exemplo único em toda a história, resistiu até ao esgotamento completo. [...] No dia 5, ao entardecer, morreram os seus últimos defensores. Eram quatro apenas: um velho, dois homens feitos e uma criança, na frente dos quais rugiam raivosamente 5 mil soldados.

Sabia escrever esse sujeito, hein.

O arraial de Canudos foi incendiado. Os caras ainda foram caçar o cadáver enterrado de Conselheiro, tiraram ele debaixo da terra e, sabe-se lá por ideia de que mente brilhante, deceparam a sua cabeça — sempre bom garantir que morreu mesmo, vai que ficou um mês enterrado só se fazendo, eram homens prudentes esses milicos.

No final, foram mortos praticamente todos os 25 mil habitantes do local. Foi um dos primeiros frutos da nossa democrática e progressista República: o extermínio inexplicável de uma massa de miseráveis cuja única transgressão havia sido tentar encontrar uma forma de sobreviver.

Citando novamente Euclides da Cunha, "o sertanejo defendia o lar invadido, nada mais". O que aconteceu "foi, na significação integral da palavra, um crime".

Não foi o único. Quinze anos depois, muito longe de Canudos, na fronteira do Paraná com Santa Catarina, houve um episódio que ficou conhecido como Guerra do Contestado.

Neste caso, o problema foi o seguinte: o governo queria fazer uma ferrovia entre o Rio Grande do Sul e São Paulo. Chamaram um gringo rico, o americano Percival Farquhar, que apesar de se chamar Percival era rico mesmo, e falaram para ele: "Faz aí a ferrovia que você fica com toda a área que estiver a até 15 quilômetros de cada lado dela".

Percy falou "pô, partiu", mas esqueceram que tinha uns infelizes morando nesses pedaços. O governo falou que as terras nunca tinham sido deles e que eles teriam que sair.

Organizou-se uma comunidade parecida com Canudos, que também deu trabalho para o Exército — no final, morreram uns 8 mil revoltosos, em outra tragédia criminosa contra um povo pobre, que talvez só não tenha ficado tão famosa porque desta vez não teve um Euclides da Cunha lá para contar como foi.

Duas pessoas interessantes do combate: do lado dos revoltosos, uma guria de 15 anos chamada Maria Rosa foi uma das líderes dos combatentes — lutava montada em um cavalo branco, vestida de branco, com flores nos cabelos e no fuzil, não é de se apaixonar? Morreu lutando contra setecentos homens e ficou conhecida como a Joana D'Arc do Sertão.

Do lado do governo federal, a grande novidade foi o uso de aviões. Não para bombardear os caras, né, ô infeliz que viu filme de Segunda Guerra demais, tá achando que é *Dunkirk* essa merda, mas para fins de reconhecimento do território, afinal ainda estamos em 1915.

Eram dois teco-tecos. Um deles era pilotado por Ricardo Kirk, o primeiro e mais experiente aviador do Exército brasileiro, que apesar do currículo conseguiu a proeza de derrubar o aviãozinho e morrer. Sozinho. (Não, os coitados dos camponeses catarinenses ferrados não iam ter mísseis antiaéreos.) Se ferrou.

Para acabar de forma ainda mais triste nosso capítulo, Euclides da Cunha no final também acabou se descobrindo corno — assim como Antônio Conselheiro, o que nos faz pensar: tem alguém que não seja corno na história desta nação?

A mulher de Euclides, em 1905, então com 33 anos, começou a encontrar um rapaz loirinho de 17 que, imaginamos, ela devia ir buscar na porta da escola. O rapazola mandou ver na sra. Euclides, que engravidou do adolescente, mas falou pro marido que aquela criança loira era dele — veja só como é a genética, né, Euclides, cheia de surpresas, pois é, eu tinha um bisavô que era alemão...

Só em 1909 Euclides descobriu que a esposa dava para esse loirinho, quando a surpreendeu em casa com ele. Arranjou uma arma e foi atrás do cara. Entrou na casa do loirão cheio de paixão anunciando que tinha ido lá para "matar ou morrer". Morreu. Fim.

(O menino, que se chamava Dilermando, acabou se casando com a senhora adúltera. O casamento acabou vinte anos depois, quando ela descobriu que Dilermando tinha... a-há, uma amante.)

O BRASIL VIRA UM FILME DE TARANTINO

Matar 25 mil pobres não acabou com a pobreza no interior do Nordeste, de modo que a coisa continuou confusa por lá durante a República Velha.

Em 1897, nasceria em Pernambuco uma figura muito peculiar, Virgulino Ferreira da Silva, o Lampião, que ganhou esse apelido porque gostava tanto de ficar atirando no escuro que "iluminava a noite".

Lampião não foi o primeiro cangaceiro, mas certamente foi o mais famoso. Os cangaceiros eram criminosos que andavam pelo interior do Nordeste promovendo assaltos, assassinatos e outras diversões.

No começo, muitos prestavam serviços para os coronéis da região, cobrando dívidas, matando desafetos, esses bicos que a gente faz quando tá precisando de grana.

Uma vez armados e treinados, porém, os cangaceiros perceberam que podiam ganhar mais abandonando os clientes e vivendo de saquear por conta própria fazendas, vilarejos e cidades. Empreendedorismo. Team Endeavor, sonho grande, sabe como é.

Os cangaceiros tinham nomes maravilhosos, como Diabo Loiro, Cabeleira (autoexplicativos) e Sete Orelhas (era a quantidade que já havia decepado no momento em que o apelido foi dado). O bando de Lampião contava ainda com Mergulhão, Elétrico, Quinta-Feira e Alecrim. Que escalação! Dito isso, surpreendentemente, tinha também o cangaceiro Silvino Aires, o que devia sempre causar certo constrangimento na hora das apresentações.

"Eu sou o Diabo Loiro, este é o Cabeleira, ali atrás o Moita Brava, e aquele ali é o... bom, é o Silvino Aires. É, eu sei, a gente já falou para ele que não tá ornando."

Duvido que algum navio viking tivesse o Blond Devil, o Seven Ears, o Electric e o Thursday (e muito menos o Silvino Aires). Até porque os vikings não falavam inglês, mas você não achou que eu fosse saber alguma coisa de línguas nórdicas antigas, né?

Os cangaceiros eram controversos. Por um lado, eram criminosos violentos que espalhavam terror pelo interior do Nordeste. Por outro, assim como os precursores do tráfico de drogas nos morros cariocas, vários ganhavam a simpatia da população mais pobre distribuindo benesses — há historiadores que citam a expressão "Robin Hood do sertão" para definir algumas dessas pessoas.

Um deles, Jesuíno Brilhante, ficou conhecido até como "o cangaceiro romântico", não porque gostasse de assistir a *Dez coisas que odeio em você* ou *Um lugar chamado Notting Hill*, mas porque parecia genuinamente feliz distribuindo comida para o povo e tratava as crianças e os velhos com especial carinho.

Tem um pouco de idealização aí, até porque vários dos cangaceiros foram também violentadores sexuais nas localidades que atacaram. Eles sequestravam, torturavam e até castrar uns caras eles andaram castrando.

A questão é que não existia o Manual de Conduta do Cangaceiro Certificado pela Associação Brasileira de Cangaceiros, a Abracanga. Ninguém ia perder a carteirinha de cangaceiro por ser mais violento ou mais amoroso. De modo que provavelmente havia gente de todo tipo. (Mas as roupas de couro e o chapeuzinho típico tinha que usar!)

O bando de Lampião, o mais famoso de todos, chegou a ter cem homens e era bastante violento. Aliás, a vida inteira de Lampião foi violenta, desde a juventude. Quando ele tinha cerca de 20 anos, seu pai se envolveu num conflito por terras com uns vizinhos e foi morto pela polícia, provavelmente mancomunada com os seus inimigos.

Desnorteado, Lampião resolveu ir embora da cidade de Serra Talhada e se juntar a um bando de cangaceiros. Excepcional atirador e ladrão, logo viraria o líder do grupo. Andaram por sete estados do Nordeste ao longo de quase duas décadas. Pilhavam as cidades do interior com certo senso de humor. Em uma ocasião, invadiram uma festa de casamento e, armas na mão, obrigaram os convidados a tirarem as roupas e dançarem pelados. A valsinha ficou mais animada!

Como a polícia fica vinte anos sem pegar um cara desses?

Embora a historiografia marxista tenha depois transformado Lampião em uma figura quase revolucionária, a verdade era que ele tinha vastos laços com parte da elite agrária do Nordeste, num arranjo de proteção mútua. Os coronéis aliados de Lampião eram poupados de ataques — mais do que isso, eram defendidos por ele. Em compensação, eles usavam a sua influência para garantir que os cangaceiros fossem preservados de qualquer ofensiva mais decidida da polícia.

Lá por 1927, Lampião já era um cangaceiro internacionalmente conhecido, muito temido, foi a sensação do Cangaço Trends Meeting 1927, estava no auge.

O sucesso subiu à cabeça, e ele e seu bando resolveram invadir Mossoró, no Rio Grande do Norte, que era bem maior e mais desenvolvida do que os povoados que eles tipicamente atacavam.

Quando a notícia chegou à cidade, os industriais e comerciantes locais fizeram uma vaquinha — hoje alguns diriam "crowdfunding", o que nos faz pensar que talvez Lampião tivesse razão ao achar que tem gente que merece ser castrada — e compraram dezenas e dezenas de fuzis e munição.

Quando Lampião se aproximava de Mossoró, mulheres e crianças foram mandadas para outras cidades. Teve muito macho que pegou o barco e foi se refugiar em alto-mar.

As centenas de homens que ficaram se espalharam pelos telhados e atrás de barricadas. Muitos ficaram no alto da catedral — o pessoal gostava de trocar tiro de cima da igreja naquela época. "Se Jesus voltar, que volte armado", como diria o papa João Paulo II (ou mais provavelmente um rap dos anos 1990).

Nesse meio-tempo, chegou uma carta a Mossoró. Os cangaceiros haviam conseguido sequestrar um coronel da cidade que estava dando bobeira por uma estrada da região. (Isso lá é hora de ir passear, ô cacete?) O tal coronel escrevia para o prefeito da cidade, Rodolfo Fernandes, líder da resistência e seu amigo de longa data:

> Meu caro Rodolfo Fernandes, desde ontem estou aprisionado do grupo de Lampião, o qual está aquartelado aqui bem perto da cidade. Manda, porém, um acordo para não atacar mediante a soma de 400 contos de réis. Posso adiantar sem receio que o grupo é numeroso, cerca de 150 homens bem equipados e municiados à farta. Penso que, para evitar o pânico, o sacrifício compensa, tanto que ele promete não voltar mais a Mossoró. Peço pela vida de Yolanda para mandar o cobre por uma pessoa de confiança para salvar a vida deste pobre velho.

Yolanda era a netinha de 2 anos do coronel. Por incrível que pareça, houve um tempo em que as pessoas chamadas Yolanda tinham 2 anos de idade. Traduzindo a mensagem do coronel: "Rodolfin, pelo amor de Deus, arranja 400 contos que os caras aqui não tão com jeito de que vão ser muito carinhosos comigo." Os caras eram cangaço e o coronel era só cagaço.

Que coisa linda, aliás, a construção "municiados à farta". Não é porque você está no limiar de ser capado por Lampião que você vai perder a elegância linguística. E "mandar o cobre"?

O que o mestre Rodolfo fez com o amigo? Respondeu assim:

Gurgel, não é possível satisfazer-lhe a remessa de 400 contos, pois não tenho, e mesmo no comércio é impossível encontrar tal quantia. Ignora-se onde está refugiado o gerente do Banco do Brasil, o senhor Jaime Guedes. Estamos dispostos a receber o grupo na altura em que eles desejarem.

Isso é que é amigo! "Ih, rapaz, não vai dar, o Jaime lá do Banco do Brasil tá com o celular desligado."

Aí o próprio Lampião resolveu escrever para o prefeito Rodolfo. (Esses caras machões, Nordeste do começo do século passado, armados até os dentes, à beira de se matar, ficavam... trocando cartinha?!)

Com um português nativo de Serra Talhada, escreveu Lampião:

Coronel Rodolfo, estando eu até aqui pretendo dinheiro. Já foi um aviso aí para os senhores. Se por acaso resolver me mandar, eu evito a entrada aí. Porém, não vindo essa importância, eu entrarei até aí, pensa que eu entro e vai haver muito estrago por isto. Me resposte logo. Capitão Lampião.

O prefeito Rodolfo logo "resposteu": "Estamos dispostos a acarretar com tudo o que o senhor queira fazer contra nós. A cidade acha-se firmemente inabalável na sua defesa."

Vixe. É treta.

O grupo de Lampião foi então invadir Mossoró. Um tal de Colchete já começou levando um tiro na cabeça. Jararaca foi tentar acudir e levou um tiro na bunda e depois no peito. A coisa foi degringolando e os cangaceiros fugiram, na maior humilhação pela qual Lampião passou na sua vida.

Sim, o coronel amedrontado que tinha sido feito de refém foi libertado e voltou para Mossoró. Lampião, curiosamente, achava que a cidade estava no direito de se defender e não guardou mágoas.

Colchete morreu, mas Jararaca ficou apenas ferido, deixado para trás pelos companheiros. Foi levado para a cadeia de Mossoró, onde se tornou a sensação da cidade. Deu entrevistas para os jornais nas quais delatou quem eram os coronéis que davam proteção para Lampião.

Logo depois disso, foi levado no meio da noite para o cemitério da cidade, onde foi enterrado vivo. Hoje em dia, não me pergunte a razão, casais gostam de transar sobre o seu túmulo, porque existe um mito de que a alma de Jararaca, um sujeito que foi morto após levar um tiro na bunda, dá força sexual àqueles que se atracam sobre o seu corpo, de modo que volta e meia os funcionários do cemitério precisam recolher uma ou outra camisinha usada por ali, conforme reportou a revista *Piauí* em 2017.

Depois disso, Lampião ainda conheceria Maria Bonita, sua esposa, que também se tornou cangaceira. Foram oito anos de banditismo conjunto: esfaqueando inimigos, aterrorizando vilarejos, roubando lulu-da-pomerânia de madame, aquilo tudo. Eles morreriam juntos em 1938, já no governo de Getúlio Vargas.

Vargas achava um absurdo que houvesse um poder paralelo ao seu tomando conta do interior do Nordeste e resolveu acabar com isso. No dia 27 de julho daquele ano, as forças policiais atacaram o acampamento onde dormiam Lampião e o seu grupo. Com metralhadoras e de surpresa, mataram todos antes que pudessem reagir. Para variar, arrancaram a cabeça deles e fizeram um "road show" com elas por todo o Nordeste. Todo mundo queria ver. Cada época tem o Cirque du Soleil que merece.

Além do cangaço, havia muitos outros fatores de instabilidade e tensão na República Velha. Da proclamação da República até 1930, houve uma crescente insatisfação com o revezamento de poder entre São Paulo e Minas Gerais e com a maneira com que o governo federal tocava o país. Tudo virava crise.

Veja alguns exemplos:

1) Em 1904, o governo resolveu tornar obrigatória a vacina contra a varíola.

O povo no Rio de Janeiro, a então capital e maior cidade, não fazia a mais vaga ideia do que era uma vacina. Além disso, o governo fez com aquele jeitinho de sempre: invadia as casas e vacinava as pessoas à força, com brutalidade. Tenta entrar na casa daquele seu vizinho que está em regime semiaberto por receptação de carro roubado aí na biboca onde você habita e dá uma agulhada nele sem explicar o que está acontecendo para ver o que acontece.

As pessoas já estavam muito insatisfeitas com um episódio que ficou conhecido como "bota-abaixo".

O centro do Rio de Janeiro era cheio de cortiços. Era imundo, um horror. O governo veio com a ideia de derrubar tudo e fazer largas avenidas no estilo parisiense — foi assim que surgiu a atual avenida Rio Branco. O problema é que muita gente pobre foi simplesmente expulsa de casa e ficou sem ter onde morar. Foi a origem das favelas nos morros.

Quando vieram com a coisa da agulhada, foi o estopim da chamada Revolta da Vacina. Olha a bagunça: teve tiro, depredação de lojas (o que fechou o comércio), bondes incendiados, briga de pau e pedra com a polícia no meio da rua. A coisa saiu tanto do controle que o governo teve que declarar estado de sítio — por causa de uma vacina! Morreram trinta pessoas nos conflitos e centenas foram presas (várias mandadas para o Acre, imagine o que era o Acre naquela época).

Foi também um balde de água fria em Oswaldo Cruz, o médico sanitarista que foi quem veio com essa ideia de vacinação.

Cruz era uma espécie de ministro da Saúde da época. Ele tinha acabado de completar 30 anos, era um gênio da medicina preventiva, tinha estudado em Paris, sabia tudo. Estava disposto a sanear o Rio, mas a Revolta da Vacina não foi a única dificuldade que enfrentou.

Pouco tempo antes da questão das vacinas, Oswaldo tinha tentado resolver a questão da peste bubônica, transmitida pelos ratos. Para acabar com os bichos, que se espalhavam pelo Rio de Janeiro, fez o governo oferecer uns trocados por cada rato morto que a população entregasse em postos devidamente preparados para receber e incinerar os animais. Na época, pagava-se o equivalente a uns três cafezinhos por rato, o que não estava mau.

Até deu certo. A população de ratos no Rio declinou consideravelmente. Em quatro anos, a equipe de Oswaldo Cruz incinerou quase 2 milhões de ratos. Os casos de peste bubônica caíram 80%. Na região portuária, onde rato era o que não faltava, tinha homem caçando rato para todo lado, era melhor que Pokémon Go. Gente se enfiando em tudo que era porão e telhado, brigando pela posse de bichos mortos, falando mal dos ratos dos outros — como diria o Steve Jobs, como a gente se entrega para a profissão quando ama o que faz!

Agora, Brasil é Brasil, né. É óbvio que malandro começou a criar rato para matar e levar para o Oswaldo Cruz comprar. Quando isso se tornou público, foi uma confusão: teve um monte de gente presa, polícia fazendo batida em criatório de ratos, todo mundo sendo conduzido para a delegacia (inclusive os ratos), aquela bagunça boa que só acontece aqui e na Suécia.

2) Em 1910, os marinheiros se revoltaram contra os castigos físicos a que estavam submetidos, naquela que ficou conhecida como a Revolta da Chibata. (Foi a era das revoltas...) Os oficiais brancos desciam o chicote sem dó nos subalternos majoritariamente negros.

Em 22 de novembro, os subalternos se amotinaram e tomaram os principais navios da Marinha no Rio de Janeiro. Dois oficiais foram mortos nesse movimento, mas a maioria foi autorizada a fugir.

O que é que o governo ia fazer? Atacar seus próprios navios, agora sob o comando dos revoltosos? O país tinha acabado de comprar navios novos e caros da Inglaterra. Vai que a gente acaba afundando esse troço.

Enquanto isso, os navios tomados ficavam circulando pela baía de Guanabara. Mandaram uma mensagem para o presidente Hermes da Fonseca: "Não queremos o retorno da chibata. Queremos uma resposta imediata. Se não recebermos tal resposta, destruiremos a cidade e os navios." Hermes não respondeu, e os revoltosos dispararam contra mais de um forte militar em terra.

O governo não sabia o que fazer. O famoso senador Rui Barbosa foi à tribuna defender (!) os rebeldes. Uma anistia com promessa de melhora nas condições dos marinheiros foi aprovada às pressas na Câmara, e os rebeldes devolveram os barcos após quatro dias de tensão.

O que aconteceu depois disso, o que aconteceu?

Claro que o governo não cumpriu com a palavra na totalidade e deu um jeito de punir os líderes da revolta. Teve gente morta, gente presa, gente mandada para plantações de borracha na Amazônia, e a chibata ainda demoraria a parar de ser utilizada para valer.

3) Em 1922, eleições fraudadas impediram que o candidato apoiado por Rio Grande do Sul, Rio, Pernambuco e Bahia ganhasse — o mineiro Arthur Bernardes ficou com a cadeira.

Um pequeno grupo de militares no Rio de Janeiro se revoltou com isso. Eram 301 revolucionários concentrados no Forte de Copacabana. O governo mandou bombardeá-los, o que fez 272 desistirem — na primeira bombinha esses covardes já se enfiam embaixo da cama.

Sobraram 29, porém, que tiveram a ideia genial de sair do forte e marchar vitoriosamente pela orla do Rio de Janeiro, até o Leme.

Era óbvio que ia dar errado (29 caras?!), e já começou dando: na hora em que saíram para a rua, vários se escafederam. "Vixe, rapaz, lembrei que esqueci o ferro ligado lá em casa, segura aí que eu já volto" e coisas do tipo. No final, sobraram dezessete militares revoltosos. A eles se juntou um civil, e tem uma foto famosa deles marchando com armas na mão pelo calçadão da praia de Copacabana.

O que se passava na cabeça desses idiotas é uma pergunta importante, uma vez que, caramba, eram dezoito caras — com um staff desses, mal e mal dá para manter a ordem numa creche, quem dirá derrubar o governo. Aliás, qual era a cachaça que o civil tinha tomado para se juntar com esses loucos?

Morreram catorze revoltosos em combate com as forças do governo, em plena rua, inclusive o civil que foi se meter. Dos sobreviventes, teve um soldado que só morreu em 1999, aos 92 anos.

Em 1924, exatos dois anos após esse episódio em Copacabana, tenentes em São Paulo também se rebelaram contra o governo, cuja relação com os militares só piorava. Neste caso foram mais longe: bombardearam o Palácio dos Campos Elísios, sede do governo estadual aliado do governo federal, e o governador foi obrigado a fugir para... a zona leste. Ficou na Penha, mais especificamente.

Os revoltosos tomaram conta de boa parte da cidade (mas não a Penha, porque do Tatuapé para a frente eles tinham medinho). Em reação, o governo federal mandou aviões que soltaram bombas sobre a Mooca, a essa altura habitada por uma italianada infinita, e sobre Perdizes! (Imagina se destrói o Bebo Sim, melhor bar de São Paulo, quiçá do mundo, que perda irreparável.)

Aliás, Perdizes é gostoso demais, quem gosta da Quinta Avenida de Nova York é porque nunca esteve na rua Cayowaá para saber o que é bom de verdade. Perdizes só tem psicanalista e jornalista, de modo que é o único lugar do mundo onde até batida de trânsito é instantaneamente interpretada à luz de Lacan e onde as edições da revista *Piauí* têm caráter de escritura sagrada.

Sem ter como reagir, os rebeldes em lágrimas abandonaram a avenida Alfonso Bovero, este paraíso na terra, e fugiram para o interior. No final, mais de mil pessoas morreram. O governo ganhou, mas essa insatisfação do Exército, especial dos oficiais menos importantes (como os tenentes, daí a expressão "tenentismo"), ainda daria no fim da República Café com Leite.

4) E ainda tem mais caos e sangue na República Velha! (Na monarquia a gente ficava falando de quem pegava quem, agora virou só porradaria...)

De 1924 a 1927, um grupo de mais de mil homens liderados por Luís Carlos Prestes andou 25 mil quilômetros (25 mil quilômetros, e eu aqui com preguiça de buscar água na cozinha...) pelo interior do Brasil. O seu objetivo era conclamar os pobres a aderir a uma revolução comunista. Mas o povo não fazia ideia de que porra era essa. Trocaram tiro com o Exército em diversas ocasiões e esbarraram até nos cangaceiros do Nordeste. Tirando as histórias para contar no bar, não deu em nada, mas falaremos mais de Prestes depois.

Teve também uma guerra civil no Rio Grande do Sul entre duas diferentes facções políticas que acabou com a bagatela de 10 mil mortos, a Revolução Federalista. (Tratando-se de conflito no Rio Grande do Sul, se morreu menos de 5 mil é porque nem estava animado...)

O Brasil virou um filme do Tarantino — gente morrendo, uma confusão sem tamanho, sangue para todo lado, só faltou a Uma Thurman, infelizmente. Quando chegou a década de 1930, já estava claro que a República Velha iria acabar caindo cedo ou tarde.

UM CORPINHO NOS DÁ GETÚLIO

Em 1930, o paulista Júlio Prestes foi eleito o novo presidente. Era para ser a vez de um mineiro, conforme a política do café com leite, mas o presidente Washington Luís, também paulista, achou que não tinha nenhum mineiro à disposição que valesse muito a pena e resolveu forçar um segundo mandato paulista, rompendo a regra estabelecida.

Diversos políticos de Minas Gerais, assim, passaram a apoiar o outro candidato, que era o gaúcho Getúlio Vargas. O vice de Vargas era João Pessoa, governador da Paraíba, de modo que esse estado também apoiou o gaúcho.

Vargas era crítico dessa palhaçada de o governo ficar comprando café para subir artificialmente o preço do produto, gastando dinheiro público para enriquecer cafeicultor, de modo que não era exatamente querido pela elite paulista. (Embora depois ele tenha feito exatamente o que criticava.)

A eleição estava meio tensa. Um deputado gaúcho matou (!) um deputado pernambucano, apoiador do paulista Júlio Prestes, em plena Câmara dos Deputados, após uma discussão e supostamente em legítima defesa. Foi uma época mais empolgante para os telespectadores da TV Câmara.

Na fronteira do Rio Grande do Sul com Santa Catarina, que também apoiava Prestes, as polícias dos dois estados trocaram tiros, uma de cada lado do rio, o que deve ter sido uma cena bem ridícula. Em Montes Claros, Minas Gerais, uma briga resultou em cinco mortos e no vice-presidente da República ferido após levar três tiros no pescoço — que tipo de Highlander leva três tiros no pescoço e fica "ferido"?!

Prestes ganhou com 59% dos votos, embora Getúlio tenha recebido 100% dos votos gaúchos, o que mostra que não há limites para o descaramento na fraude eleitoral neste país. Custava botar um 98,7%? (Os dois lados fraudaram, como era a regra na República Velha.) Foram revirar as listas de eleitores do Rio Grande do Sul e acharam até nome de uruguaio e argentino no meio. "Juan Martín Boludo Cagón, mais um voto para Getúlio..."

Prestes foi declarado eleito em maio. Deveria assumir em novembro. Mas em julho... Bom, senta que a história fica boa.

Lá na Paraíba, João Pessoa, que era o candidato a vice de Getúlio, tinha um desafeto chamado João Duarte Dantas, um advogado. Não se davam há muitos anos — o pai de Dantas já era inimigo há décadas do grupo político de João Pessoa.

Num belo dia, o escritório de Dantas foi invadido e revirado. Gavetas foram arrombadas. Foram roubadas cartas que Dantas trocava com a amante, a professora e poetisa Anayde Beiriz, de 25 anos — Dantas tinha 42.

Essas cartas, várias escritas em forma de poema, acabaram sendo publicadas nos jornais da Paraíba. Foi o assunto, só se falava nisso.

João Dantas ficou humilhadíssimo, constrangidíssimo, não podia andar na rua. Botou na cabeça que quem tinha mandado invadir o seu escritório havia sido o João Pessoa — ninguém sabe direito, mas pior que parece que tinha sido mesmo. Resolveu se vingar.

No dia 26 de julho de 1930, João Pessoa estava numa confeitaria no Recife com uns amigos, degustando um bolinho e um cookiezinho, quando Dantas entrou no estabelecimento e, enquanto atirava, disse: "Sou João Dantas, a quem tanto humilhaste e maltrataste." Deve ter ensaiado a frase mil vezes, mas convenhamos: não é fácil atirar e conjugar a segunda pessoa ao mesmo tempo.

Bom, além dos aplausos do professor Pasquale, o Dantas ganhou uma carona na viatura da polícia até a Casa de Detenção do Recife. Dois tiros acertaram João Pessoa. A má notícia é que ele morreu. A boa é que não precisou pagar o cookie.

Na cadeia, Dantas foi espancado e acabou se suicidando ao cortar com profundidade o próprio pescoço, segundo a versão oficial, mas como é que alguém se mata por autodegolamento?! (Seria um suicida muito precavido, disposto a garantir que não haveria risco de falha em seu falecimento.) É que nem a história do sujeito que se matou com 28 tiros. Para garantir!

E o que é de tão grave que diziam esses poemas para dar esse rolo todo, afinal?

> Duartinho, seu safado
> Tantas noites ao teu lado
> Já sabendo o que você pediria:
> Dedo no rabo e gritaria

Nada disso, imagina. Olha a pureza das coisas que Anayde escrevia:

> As marcas das minhas carícias não foram feitas pra desaparecer facilmente.
> Mil outros lábios que se encrustarem na tua boca,
> Não arrancarão de lá a lembrança minha
> Tens medo do meu amor?
> O meu amor é impulsivo, é torturante, é estranho, é infernal.
> Ouve contudo o que te digo:
> Hás de experimentá-lo ainda uma vez...

Pô, fofinho, vai! Precisava fazer esse carnaval todo, Duarte?

Quatro meses depois, a própria Anayde se matou, envenenando-se. Era uma menina moderna, dizia que não queria casar, defendia o direito das mulheres de votar (ainda não podiam!), tinha um cabelo bem no estilo francesinha, curto e com franjinha. Uma pena.

A morte de João Pessoa teve alguma coisa a ver com a eleição de Júlio Prestes? Não. Os aliados de Getúlio Vargas começaram a usar isso politicamente? A-há, como não.

Levaram o corpinho do João Pessoa para o Rio de Janeiro, onde fizeram uma missa, que deu num grande protesto, onde se disse que Washington Luís, o ainda presidente e maior apoiador de Júlio Prestes, era o culpado pelo crime. Homenagens a João Pessoa em São Paulo e no Recife acabaram virando grandes confrontos com a polícia e com o Exército, com tiroteios e gente morta.

Falando em "corpinho" e Rio de Janeiro, me lembrei de uma história que o site Buzzfeed publicou uns anos atrás, retratando a alma carioca:

> Voltando do almoço a pé pela Riachuelo, vi mais à frente o carro da funerária entrar de ré na calçada, diante de uma garagem. Da viatura, todo serelepe, sai o motorista. Engravatado e simpático, estende a mão ao senhor na porta da garagem, que tinha os olhos vermelhos marejados e fungava. Cheguei em cima do lance e presenciei o seguinte diálogo:
> — Boa tarde, meu querido, como vai? Tudo bem? — pergunta o motorista, sem noção, mas com largo e sincero sorriso. Melhor astral, impossível.
> — Não — responde em voz baixa, soluçando e quase chorando o provável parente próximo do falecido.
> — Olha, fica frio, irmãozinho. Agora você só precisa pegar esse papelzinho aqui e levar no cartório, tá combinado?
> — Tá bom.
> — Agora, me diz aí, queridíssimo. Me fala. Onde é que tá o corpinho?

(Somos um povo adorável.)

O corpinho de 1930, que no caso era de João Pessoa, criou grande turbulência nacional. Os aliados de Getúlio logo o transformaram em uma vítima do governo federal. A impaciência com a República Velha já era grande, por todos os conflitos e confusões que você leu. Júlio Prestes estava longe de ser querido. O regime estava balançando. Se alguém empurrasse, ele caía.

A gauchada aliada a Getúlio percebeu isso. Tomaram o quartel-general do Exército no Rio Grande do Sul, sem grande resistência dos militares.

Lembra-se dos tenentes que vinham se revoltando contra o regime em diversas regiões do país e que chegaram a tomar a capital paulista, naquele episódio em que o bairro de Perdizes foi bombardeado? Foram os primeiros a apoiar uma revolta contra Washington Luís e Júlio Prestes.

Oswaldo Aranha era um grande aliado de Vargas, viria até a ser seu ministro, e foi um dos líderes dessa movimentação golpista.

Olha a história do sujeito: nasceu no Alegrete, que fica no fim do mundo do Rio Grande do Sul. Alguns diriam que é o fim do mundo dentro do fim do mundo, um metafim do mundo, visto que Porto Alegre mesmo já não é lá nenhuma Nova York. (Embora obviamente o Parque da Redenção dê de mil no Central Park, assim como o Gasômetro é muito mais imponente que o Empire State Building. E os nova-iorquinos do Strokes não prestam nem para servir o café da manhã do Wander Wildner.)

Oswaldo Aranha, porém, era ambicioso e foi para o Rio estudar. Depois foi para Paris. Voltou, derrubou um presidente e impediu o eleito de assumir, como veremos agora. Foi embaixador nos Estados Unidos e ficou amigo do Franklin Delano Roosevelt. Presidiu a assembleia da ONU que criou o Estado de Israel, motivo pelo qual é homenageado até hoje naquele país. Por fim, atingindo o ápice da glória, foi o inventor do filé à Oswaldo Aranha, hoje um prato típico do Rio de Janeiro, que consiste em um "filé malpassado coberto com alho frito, acompanhado de batatas-portuguesas, arroz branco e farofa de ovos", porque era esse troço que ele sempre pedia onde quer que fosse. Devia ter um bafinho de leão, o Oswaldinho.

A essa altura, porém, não tinha Roosevelt, Israel ou filé com alho. O que preocupava o dr. Aranha era comprar armas para derrubar o governo.

Ele pegou dinheiro com os governos do Rio Grande do Sul, de Minas e da Paraíba, os aliados contra a política do café com leite, e mandou trazer um carregamento de armas da Tchecoslováquia. Ficou acompanhando a entrega pelo site dos Correios, se irritou com as duas semanas em que os pacotes ficaram "em trânsito em Curitiba", esse buraco negro do serviço postal nacional, até que uma hora a entrega finalmente foi feita, levando Oswaldo ao êxtase quando a campainha tocou — "chegou, chegou, eba!".

Com o apoio dos tenentes e as armas novas do Aranha, os revolucionários gaúchos marcharam em direção ao Rio de Janeiro. Enquanto isso, tropas simpáticas a Vargas iam tomando o poder em diferentes estados, com diferentes graus de resistência.

Em Pernambuco, teve um combate que resultou em 150 mortos. O Espírito Santo teve que ser ocupado por tropas mineiras! É até estranho falar em "tropas mineiras", aquele povo amável e pacífico, ocupando qualquer coisa. Não estamos falando exatamente da Gestapo nazista ou do Exército Vermelho soviético, né. Devia ter um monte de mineirinho descendo pro Espírito Santo sem nem saber o que ia fazer, falando coisas em mineirês como "pronostamuinu?" ("para onde nós estamos indo?", segundo a tradução juramentada).

Mas a briga mesmo ia ser em Itararé, cidadezinha de São Paulo bem na fronteira com o Paraná, hoje com 50 mil habitantes.

No final de outubro, os revolucionários/golpistas já tinham ocupado todos os estados, exceto São Paulo, Rio de Janeiro, Bahia e Pará. (O Pará parece que esqueceram. Tá, brincadeirinha sem graça. O Pará resistiu bravamente à quebra da legalidade.)

As tropas revolucionárias estavam chegando pelo sul. O governo federal posicionou suas tropas para barrar o inimigo. A imprensa já falava na iminente "batalha mais sangrenta da história da América Latina". A população de Itararé se preparava para a devastação da cidade em meio ao combate. Como escreveu o jornalista José Roberto Torero, "soldados se dirigiam para o front, mães rezavam por seus filhos, crianças ficaram à beira da orfandade e mulheres anteviam os dias da viuvez".

O momento da carnificina ia se aproximando. Era possível sentir o medo pelo destino da nação no ar. Descambaria a luta para uma guerra civil? O desejo de vingança dos vencidos tornaria inevitável uma prolongada divisão com sangue da sociedade brasileira? Como garantir até mesmo a manutenção da unidade nacional?

Como, como, como?

Agora é o momento de ansiedade em que entraria o intervalo comercial, mas, como este é um livro sério, vou poupar o leitor de saber mais sobre as maravilhas da iogurteira Top Therm e ir direto ao ponto.

Não teve briga. A batalha de Itararé ficou conhecida como "a batalha que não houve". Antes que fosse trocado o primeiro tiro, dois generais e um almirante no Rio de Janeiro foram até o Palácio do Catete, então sede do governo federal, e disseram que era para o Washington Luís sair da presidência, que eles iam assumir dali para a frente. Luís, destemido barbaridade, falou que tudo bem.

Bom, na verdade ele saiu preso do palácio e foi levado para o Forte de Copacabana, aquele mesmo de onde, meros oito anos antes, dezessete infelizes tinham saído à rua para fazer a revolução, a maioria morrendo no próprio calçadão da praia. Mas o presidente podia ao menos ter esperneado um pouco mais. Ao que consta, entrou no porta-malas do camburão sem reclamar. (Tá, deve ter sido levado no banco de trás, suponho.)

E assim caiu o governo.

Meio anticlimático, não?

Para Washington Luís, a consequência da tomada do poder por esses militares foi o exílio. Ele morou nos Estados Unidos e depois na Europa. Só voltaria para o Brasil em 1947, após dezessete anos. Não foi algo exatamente justo — tudo bem que o governo dele estava caindo, que a República Velha era um horror, mas não é que ele tivesse cometido algum crime ou oferecesse real risco.

Os dois generais e o almirante assumiram o poder, formando uma junta militar provisória. Eles mandaram um telegrama para Getúlio Vargas, que a essa altura estava em Curitiba. Pediam a suspensão das hostilidades em todo o país, mas não deixavam muito claro se iam entregar o poder ao gaúcho.

Getúlio ficou preocupado que os militares fossem passá-lo para trás e resolveu seguir marchando com suas tropas até o Rio de Janeiro. Mandou Oswaldo Aranha na frente para já ir negociando com o trio, dando aquelas baforadas boas de alho na cara do generalato.

Em 31 de outubro, quase um mês depois da tomada do quartel-general do Exército no Rio Grande do Sul, Getúlio Vargas e a sua turma finalmente chegaram ao Rio.

Foi uma cena. Eram 3 mil homens, a cavalo, "fantasiados de gaúchos": bombacha, chapéu, toda aquela roupa de prenda, enfim.

O Rio de Janeiro tinha, e ainda tem, um obelisco na avenida Rio Branco. Obelisco, como o leitor sabe, é aquele monumento à ereção que também tem em São Paulo e outros lugares, um pilar alongado, pontiagudo, que sobe rumo aos céus.

Quem começou com isso foram os romanos, que como se sabe adoravam essa coisa fálica. Há obeliscos na França, na Itália, em Portugal e em tudo que é lugar.

O obelisco da Rio Branco havia sido inaugurado em 1906, e os cariocas se achavam muito europeus e modernos com aquele troço no meio da cidade. Quando a avenida Rio Branco foi inaugurada, aliás, após aquele episódio do bota-abaixo que já citamos, só se podia caminhar nela com trajes sociais: os homens de fraque, as mulheres de vestido longo. Caso contrário, a polícia tocava a pessoa de lá.

O que é que a gauchada fez quando chegou ao Rio de Janeiro? Pegou os seus cavalos e amarrou no obelisco, para o horror da sociedade local... Fala sério, ninguém nasce chucro desse jeito, tem que treinar muito. (Tem fotos na internet, aliás.)

Nas palavras de um jornalista da República Velha, os gaúchos de então eram "almas semibárbaras egressas do regime pastoril" — tá aí uma boa para você usar na próxima vez que brigar no bar.

A junta militar passaria o poder para Getúlio Vargas logo em seguida, reconhecendo-o como líder do movimento revolucionário que havia tomado o poder, provavelmente sob a condição de que os seus seguidores tirassem os cavalos do meio da avenida.

Acabava a política do café com leite, o que representou uma grande perda para a elite cafeicultora paulista.

Vargas tinha um lado "alma semibárbara". Era de São Borja, interiorzão do Rio Grande do Sul, de família pecuarista. Seu pai tinha lutado na Guerra do Paraguai. Como conta o jornalista Lira Neto, era famosa a história segundo a qual o velho se recusara a beijar a mão de dom Pedro II quando o imperador apareceu no front: "Eu não ia beijar a mão de um homem com vozinha de mulher e mãozinha delicada", disse depois. Veja bem, o cara estava incomodado com a "viadagem" de dom Pedro II! Dom Pedro II, claro, essa grande drag queen louca barbuda. Imagine qual não seria a perplexidade do "papis" do Getúlio ao dar uma banda em Ipanema, ali pela Farme de Amoedo, ou qualquer outro point gay do país nos nossos tempos...

Por outro lado, Getúlio era um homem esclarecido, muito lido. Havia começado sua vida no meio militar — chegou a sargento. Saiu do Exército e se formou em direito na atual Universidade

Federal do Rio Grande do Sul. Foi promotor público e advogado. Uma vez metido na vida política, foi líder da bancada gaúcha na Câmara dos Deputados e ministro da Fazenda. Não era um idiota.

Ao assumir o poder, Vargas logo botou o... o chimarrão na mesa.

Revogou a Constituição (o Brasil ficou sem uma), mandou o Congresso para casa. Trocou quase todos os governadores por interventores da sua confiança, em geral tenentes do Exército que haviam apoiado a Revolução de 1930.

Como tudo vira piada neste país, a marchinha de carnaval que mais fez sucesso em 1932, espécie de "Vai malandra" do ano, foi "O teu cabelo não nega", de Lamartine Babo, que certamente você conhece. A música dizia a certa altura: "Mulata, mulatinha, meu amor/ fui nomeado teu tenente interventor."

Para governar São Paulo, Getúlio arranjou um pernambucano! Para não perder a viagem, já aproveitou para exilar os principais políticos do estado. O próprio Júlio Prestes foi despachado para Portugal, de onde escreveu que o Brasil estava virando uma "ditadura sem freios e sem limites que nos enxovalha perante o mundo civilizado".

Getúlio Vargas se dizia chefe do "governo provisório" do Brasil, mas esse provisório foi se estendendo por anos... A promessa era chamar uma assembleia constituinte "em breve", mas "a gente bebe só uma", "o problema não é você, sou eu" e "vou chamar uma constituinte em breve" são coisas nas quais você nunca deve acreditar muito.

ESTÃO CHEGANDO OS COMUNISTAS

Em maio de 1932, quatro estudantes paulistas foram mortos enquanto protestavam contra o governo Vargas, o que foi o estopim de grandes comícios e passeatas.

São Paulo reuniu então um exército de 40 mil homens, entre voluntários e soldados. O plano era marchar até o Rio de Janeiro e derrubar Vargas.

Os paulistas esperavam a adesão de outros estados, também prejudicados pelo intervencionismo de Vargas. Faltou combinar direito: tirando algumas tropas do Mato Grosso, ninguém apareceu para ajudar. Não que todo mundo estivesse morrendo de amores por Vargas, mas também não é que os outros estados tivessem lá muita saudade da República Velha, que era aquela zona que a gente já viu.

Deu tudo errado. São Paulo não tinha armas suficientes, e um carregamento que estava vindo dos Estados Unidos foi interceptado pela Marinha.

A solução foi pedir para as pessoas darem as suas armas pessoais — vaquinha de revólver! — e para os engenheiros da Escola Politécnica desenvolverem e produzirem armamentos. Quando eles foram testar um morteiro (lança-granada) novo, a bagaça explodiu e matou um dos principais comandantes das forças paulistas, além de um major que estava de lado... Essa é a Poli que a gente conhece!

A falta de armas e munição era tão grave que os paulistas inventaram um troço chamado "matraca", que simulava o barulho de uma metralhadora, supostamente afastando as tropas inimigas. Agora, se sonoplastia ganhasse guerra, o Ximbinha da Banda Calypso tinha comandado o desembarque na Normandia.

Qual a chance de essa palhaçada dar certo desse jeito?

É bem verdade que a população paulista realmente se engajou. Ficou famoso o caso da professora Maria Sguassábia, que se disfarçou de Mário Sguassábia e foi lutar no meio dos homens, pegando uma farda extra que o irmão tinha.

Ele foi o primeiro a reconhecê-la. Levou um susto e mandou ela ir embora. Ela não quis. "Então aprende a segurar o fuzil", ele disse, ensinando-a a manejar a arma. As tropas do governo federal haviam invadido Vargem Grande do Sul, perto da fronteira com Minas Gerais. Ela participou do grupo que retomou a cidade.

Eis o seu depoimento:

> Tivemos que andar onze horas até chegar à cidade ocupada pelo inimigo, que resistiu tenazmente. Tivemos que tomar rua a rua, casa por casa. Neste dia eu senti como era duro guerrear. Assisti à morte de muitos companheiros. Vi homens saindo carregados, desertando, chorando, vi o diabo.

Centenas de outras mulheres participaram do conflito apoiando as tropas como enfermeiras ou com comida ou uniformes. Havia no ar a defesa da separação de São Paulo do resto do país. Gente como os escritores Mário de Andrade e Monteiro Lobato apoiava a ideia, assim como a grande maioria dos paulistas. Muitos doaram dinheiro para a causa. Foi algo grande.

Teve até um bispo muito louco de Botucatu, chamado Carlos Duarte Costa, que organizou uma tropa própria (!), conhecida como "batalhão do bispo", que provavelmente causou mais empolgação entre as viúvas católicas da região do que no resto das tropas paulistas, mas o que vale é a tentativa. Bem depois, em 1945, esse mesmo ser humano seria excomungado por acusar a sua própria Igreja Católica de proteger oficiais nazistas. O mundo dá voltas, já dizia o CPM 22.

Diga-se em defesa do pessoal da Escola Politécnica que eles inventaram um troço muito engenhoso. Era um trem blindado, uma espécie de "caveirão ferroviário", para comparar com aquele famoso blindado do Bope, no Rio. Funcionava assim: tinha uma locomotiva e um vagão, ambos blindados. O vagão ia cheio de soldados, até uns vinte. As paredes tinham pequenas aberturas onde esses soldados posicionavam metralhadoras. Eis o testemunho de um combatente:

> Dois quilômetros e o inimigo à vista. Os homens [inimigos] avançavam [em direção ao trem], certos de que era um trem de mercadoria, realmente como estava disfarçado. As nossas metralhadoras picotaram os inconscientes. A primeira impressão foi dolorosa. Pungente mesmo. Presenciar umas cenas destas.

O trem tinha poucas aberturas para entrada de ar e visualização externa, de modo que fazia um calor desgraçado em seu interior. Os soldados ficavam lá dentro só com as calças.

Depois que descobriram que o tal trem era uma metralhadora blindada ambulante, os soldados do governo federal corriam em pânico, já que não tinham como causar danos a ele. A única possibilidade de vencê-lo seria descarrilhar ou cercar o trem até a sua munição acabar, algo que nunca aconteceu.

Mas o "batalhão do bispo" e o "caveirão da Poli" não foram suficientes.

Os conflitos começaram na famosa data de 9 de julho. Em setembro, os "legalistas" já tinham dominado boa parte do interior e empurrado a defesa paulista para a região de Campinas, a 100 quilômetros de São Paulo. O porto de Santos também se encontrava bloqueado, o que estava causando problemas de abastecimento na capital paulista.

Nessa batalha já houve combate aéreo, e as forças federais também estavam levando a melhor nos ares. Santos Dumont, aliás, o brasileiro que criou o avião, e que nessa época morava no Guarujá, teria se matado após ver sua invenção sendo utilizada para bombardear alvos civis. Mas, como ele não deixou nada escrito sobre isso, nunca saberemos exatamente. O cara já andava meio depressivo fazia tempo.

Em 2 de outubro de 1932, os paulistas assinariam a sua rendição.

Getúlio, porém, foi sábio. Em vez de bater em quem estava no chão, "agora eu mostrei quem manda", procurou se reconciliar com os líderes políticos paulistas.

Em 1933, Getúlio convocou uma eleição para a Assembleia Constituinte, como queriam os paulistas, a primeira em que mulheres puderam votar e pela primeira vez com voto secreto — até então, vigorava, especialmente no Nordeste, o "voto de cabresto". Ai de você se votar contra a vontade do coronel...

Getúlio nomeou também um civil paulista para ser o interventor em São Paulo. Mais do que isso, um cara que havia apoiado a Revolução de 1932!

Armando Salles de Oliveira foi um dos principais responsáveis pela criação, em 1934, da Universidade de São Paulo, a nossa USP, que reuniu escolas que já existiam, como a Poli, de engenharia (aquela que deu ao mundo o morteiro suicida), a São Francisco, de direito (dos roteiristas de *data venia*, vossa excelência é um merda"), e a Pinheiros, de medicina (dos autores de "o bisturi por acaso ficou com você?").

Em 1938, a coisa mais bizarra de todas: Getúlio esteve em São Paulo para a inauguração da avenida Nove de Julho, cujo nome homenageia a Revolução de 1932...

Mas voltemos a 1934. Nesse ano, o Brasil teve finalmente uma nova Constituição, que previa que a primeira eleição subsequente seria indireta, ou seja, pelo Congresso Nacional. O próprio Getúlio foi eleito para mais quatro anos de governo.

Bom, agora acabou a República Velha, aquela bagunça cheia de gente brigando, agora o Brasil tem uma Constituição, agora Getúlio é legitimamente presidente, sem aquela bobagem de "governo provisório", agora os paulistas estão mais calminhos. Tudo resolvido, então, certo? Daqui para a frente só "democracia

& alegria", como diria o cantor Thiaguinho ao virar calouro no curso de ciências sociais?

É, estava bom demais para ser verdade.

De repente, influenciado pelo que acontecia no mundo, o Brasil ficou cheio de fascistas e comunistas. Só gente boa. E Getulinho na meiuca.

O problema é que todo desgraçado que viajava pro exterior voltava com uma ideia errada. E o mundo nos anos 1930 era um mundo cheio de ideias erradas.

Um infeliz chamado Plínio Salgado foi passear na Itália e, em vez de voltar com umas novas receitas de risoto para fazer para a gente, voltou apaixonado pelo fascismo de Mussolini. Criou um movimento chamado "integralismo".

Outro cidadão, o Luís Carlos Prestes, aquele mesmo da Coluna Prestes, que na década anterior havia marchado sem sucesso por 25 mil quilômetros pelo interior do Brasil para vender Avon e implantar o comunismo, não necessariamente nessa ordem, foi para a União Soviética aprender como se faz uma revolução com a turma do Stalin, que na época estava no poder.

Após três anos na União Soviética, Prestes, aos 36 anos, voltou clandestinamente para o Brasil. Trouxe a namorada, a alemã Olga Benário, de 26 anos. Ela era de uma família de classe média alta na Alemanha, que não aceitava a sua militância ainda na época da escola — comunismo e Iron Maiden são coisas que, convenhamos, na adolescência até vai, mas depois disso... Depois de muito brigar com os pais, ela resolveu sair de casa e também foi ter aula de comunismo com os soviéticos. Criancinhas à Parmegiana I e II, aquelas matérias todas. Foi na União Soviética que o casal se conheceu.

Prestes organizou a Aliança Nacional Libertadora, que não era nem nacional, uma vez que era financiada por Moscou, nem libertadora, uma vez que queria implementar uma ditadura no país que, a essa altura, vá lá, era uma democracia, ainda que naquelas.

Prestes começou a procurar alguns militares conhecidos das antigas, só no contatinho no WhatsApp, "oi, sumido" e coisa e tal. Por incrível que pareça, até tinha militar comunista. Bom, este é um país em que o Leandro Hassum emagreceu, coisas estranhas acontecem nestas terras.

Quer dizer, tinha, mas também não tinha taaanto militar comunista assim. Prestes, para variar, assim como na época da Coluna Prestes, superestimou a vontade alheia de aderir à revolução do proletariado.

De qualquer modo, convenceu uns milicos a se revoltarem. Em 1935, uma insurreição comunista no quartel do Exército em Natal durou doze horas até ser debelada. Tentaram coisa parecida em alguns quartéis do Rio de Janeiro e também fracassaram rapidamente.

Como você deve estar percebendo, este é um período da história do Brasil em que os militares pegaram gosto por dar golpes — em alguns casos com sucesso, em outros fracassando. Não passam três páginas desta porcaria de livro sem que uns infelizes em algum quartel por aí não tentem derrubar o governo. Qualquer governo.

Essa mania chatinha começou, óbvio, com o nosso amigo Deodoro, que derrubou o saudoso e, segundo o pai do Getúlio, meio gay dom Pedro II. Foi dar na ditadura militar de 1964.

O levante de 1935 da turma de Prestes contra a burguesia, a propriedade privada e o capitalismo ficou conhecido como Intentona Comunista, intentona de "intentar" — sim, esse verbo existe, embora fique parecendo algo que um jogador de futebol falaria: "A gente intentamos conseguir os três pontos, mas infelizmente não foi a vontade de Deus."

(Embora, das pérolas de jogadores de futebol, as minhas favoritas sejam "fiz que fui, não fui e acabei fondo", do Nunes, que jogou no Flamengo, e "este juiz é ladrão, tem que chamar o FMI", de Dimba, do Brasiliense, aparentemente preocupado com o que a arbitragem poderia fazer com a estabilidade macroeconômica.)

Luís Carlos Prestes ficou putinho com o fracasso da sua revolução. Ele já estava lá, se imaginando o Lenin tropical, a tomada do poder, musiquinha do Ayrton Senna tocando no fundo, quando tudo foi por água abaixo. Arrasado, foi procurar culpados.

Tinha certeza de que as coisas tinham dado errado porque alguém havia dedurado a insurreição, acabando com o seu efeito surpresa contra as tropas legalistas, e não pela absoluta falta de aderência do projeto comunista na sociedade e mesmo nos demais quartéis pelo Brasil, que largaram os rebeldes falando sozinhos.

Ele não sossegou até encontrar um responsável por caguetar a movimentação para os militares de Vargas. Botou a culpa em Elza Fernandes, uma menina de 18 anos que participava do Partido Comunista do Brasil.

Pobre e quase analfabeta, a moça entrou no PCB por causa do namorado, por quem era totalmente apaixonada, e nem sabia muito bem o que estava acontecendo.

Pouco antes da intentona, ela e o rapaz foram presos e interrogados separadamente. Os documentos da polícia, recuperados depois por pesquisadores, mostram que logo os policiais perceberam que ela não tinha nada a dizer de relevante e a dispensaram. E de fato ela era uma coitada, meio inútil para as investigações.

Quando tudo deu errado, porém, Prestes se lembrou disso e achou muito estranho a polícia a ter liberado assim fácil, ainda mais sem nem dar uma torturadinha, o que era padrão na época. Botou na cabeça que ela era uma informante, trabalhando contra a sua revolução.

Mandou executá-la.

Alguns colegas de partido tentaram convencê-lo de que isso era uma loucura, que a menina não tinha nem condições de ter ajudado a polícia, mas o bonitão então mandou uma carta para eles dizendo o seguinte:

"Fui dolorosamente surpreendido pela falta de resolução e pela vacilação de vocês. Assim não se pode dirigir o Partido do Proletariado, da classe revolucionária. A linguagem [de vocês] é a dos medrosos, incapazes de uma decisão."

Comunistas (e fascistas também), como a história mostra, são seres hierárquicos: a razão não está naquilo que se considera certo, mas no que o líder diz. As coisas são feitas em nome "do partido", "da revolução" — botar a visão individual no centro das coisas é um ato burguês. Assim como Prestes obedecia a Moscou sem questionar, os bundinhas que o seguiam não tiveram coragem de questionar o chefe.

Dessa forma, em março de 1936, esses caras levaram Elza para uma casa na zona norte do Rio de Janeiro. Segundo o depoimento de um dos assassinos, um dos homens de Prestes pediu para ela fazer café para o grupo, "no que a vítima, sorridente e satisfeita, prontamente acedeu". Quando ela se sentou, foi enforcada com uma corda e enterrada no próprio quintal da casa. Ainda tomaram o café dela...

Olga Benário, a mulher de Prestes, ficou sabendo da execução, mas também não se opôs. A história dela daí para a frente também não seria bonita.

Pouco tempo depois da morte de Elza, a polícia finalmente encontraria Prestes e Olga, que estavam foragidos. Na cadeia, ela descobriu estar grávida dele. Apesar disso, Getúlio Vargas, com a chancela do Supremo Tribunal Federal, optou por deportá-la para a Alemanha, seu país de origem, a esta altura sob controle dos nazistas.

Olga Benário, além de comunista, era judia. Não era exatamente, portanto, alguém que os nazistas estivessem esperando para fazer amizade e convidar para um piquenique no parque...

Quando chegou à Alemanha, ela foi levada diretamente para um campo de concentração, onde sua filha nasceria. Em 1942, seis anos depois de ser presa pela polícia brasileira, ela seria assassinada em uma câmara de gás. Tinha 34 anos.

Sua filha, Anita Prestes, ainda está viva. Afastada da mãe no campo de concentração logo após fazer um ano, foi entregue à avó paterna. Foi professora de história da Universidade Federal do Rio de Janeiro.

Prestes ficou na cadeia por nove anos, até ser anistiado. Seria ainda senador, e durante a ditadura militar se refugiaria na União Soviética. Morreu só em 1990, aos 92 anos.

No caso da Intentona Comunista, o legado de Prestes foi abrir caminho para um dos episódios mais ridículos da história do Brasil.

A intentona serviu para mostrar à sociedade brasileira, especialmente à elite, que o comunismo estava entre nós. E a coisa que mais assusta um rico, perdendo apenas para ter que assistir àquele programa da Regina Casé, é comunista dando bobeira por aí.

Aí uma figuraça chamada capitão (e depois general) Olímpio Mourão Filho, um integralista, ou seja, um fascista, um reacionário, um conservador, inventou uma porcaria de um plano de revolução comunista para o Brasil, que ele tirou do nada, da própria cabeça.

Era uma fraude, uma mentira, um troço absolutamente forçado. Olha um trecho: "As massas deverão ser conduzidas aos saques e às depredações, nada poupando para aumentar cada vez mais a sua excitação, que deve ser mesmo conduzida a um sentido nitidamente sexual, a fim de atraí-las com facilidade."

Olha lá, burguês, não satisfeito em te roubar, o comunista vai te roubar de pau duro!

Estava tudo lá no plano: os presidentes do Supremo Tribunal Federal, da Câmara e do Senado seriam feitos de reféns e, se necessário, fuzilados. Seria adotada uma "violência planificada, deixando de lado qualquer sentimentalismo e a piedade comum". Uma matança imediata de chefes militares não alinhados com a revolução.

O mais divertido é a criação de um "Comitê de Incêndios", que "atacaria simultaneamente casas de família, forçando os bombeiros a agirem em vários pontos". Segundo o plano, "em cada rua principal do bairro deverá ser ateado fogo a um prédio, no mínimo".

Era pura fanfic comunista, coisa de desocupado, obviamente Mourão não levava a sério uma linha do que estava digitando. Pô, o cara escreveu que os saques e a destruição iam ter um "sentido nitidamente sexual"...

No final, ele escreveu que os líderes revolucionários nos estados deveriam enviar relatórios periódicos ao "Bangu" e ao "Barreto" (e quem são Bangu e Barreto, com esse nome de dupla sertaneja?!). Por fim, assinava apenas Cohen. Não existia nenhum Cohen, mas a maravilhosa obra de ficção de Mourão, pela qual ele merecia um prêmio Jabuti, ficou conhecida como Plano Cohen.

Propositalmente, ele fez o tal plano circular pela cúpula do governo federal, que sabia que aquilo era mentira. Eles leram, porém, o documento na *Voz do Brasil*, aquele programa de rádio do governo que existe até hoje.

Você imagine agora o sujeito no conforto do seu lar ouvindo que os comunistas estavam planejando saque, depredação, incêndio, fuzilamento, mão na bunda, o escambau. Não parecia de todo inverossímil, afinal pouco tempo antes eles tinham de fato tentado um golpe, não é mesmo?

Foi um desespero. No fim de setembro de 1937, o Congresso aprovou um Estado de Guerra, que dava autorização para Getúlio atropelar a Constituição e fazer o que quisesse, em nome da proteção nacional contra o comunismo.

Haveria uma eleição para presidente em janeiro de 1938. Em novembro de 1937, Getúlio deu um passo adiante: simplesmente cancelou a eleição e fechou o Congresso. Jogou no lixo a Constituição de 1934, que durou apenas e inacreditáveis três anos. No lugar dela, impôs uma nova, muito mais autoritária, que dava poderes quase que ilimitados para o presidente, inclusive nomear todos os governadores, transformando o Brasil numa ditadura — todos os partidos foram extintos. Começava o chamado Estado Novo.

Essa Constituição de 1937 ficou conhecida como "a polaca", porque foi inspirada na da Polônia — a Polônia daquela época, como você pode imaginar, não era exatamente um grande festival de Woodstock, só no carinho, "vem fumar uma coisinha com o polonês", nada disso.

Aliás, o mundo estava ficando autoritário, não só a Polônia. Ditaduras fascistas foram surgindo na Alemanha, na Itália, na Espanha, em Portugal…

Não foi à toa que George Orwell imaginou, nos anos 1940, que em 1984 o mundo seria um lugar de vigilância onipresente sob um governo todo-poderoso. Felizmente isso não aconteceu — a única coisa onipresente em 1984 era aquela letra bizarra do Ritchie que falava num abajur cor de carne, num lençol azul, em cortinas de seda e no seu corpo nu. (Vamos lá: "Menina veneeeno, o mundo é pequeeno…".)

Abajur cor de carne?! Às vezes nesta vida você se preocupa que nem um louco com os perigos do autoritarismo emergente, mas o que acontece de ruim no final é só certo mau gosto na hora de escolher o mobiliário, para você ver como não vale a pena se estressar.

O estabelecimento do Estado Novo não enfrentou quase nenhuma reação. A única dorzinha de cabeça teve origem nos integralistas, aqueles mesmos que haviam ajudado Getúlio a virar um ditador por meio da elaboração do Plano Cohen.

Seu líder, Plínio Salgado, estava certo de que ia virar ministro da Educação, porque o próprio Getúlio lhe havia prometido isso.

Muito católico, Salgado via aí uma chance de propagar entre as novas gerações uma visão de mundo conservadora e acima de tudo religiosa. Mas, na hora da verdade, Getulião mudou de ideia. Até porque Getúlio nem acreditar em Deus acreditava, embora não falasse sobre isso publicamente — na verdade, Getúlio se dava bastante bem com a igreja, uma espécie de "ateu de Cristo".

Plínio foi tirar satisfação, e o presidente, talvez não necessariamente nesses termos, mandou ele ir à merda, puta que o pariu, carola católico chato pra caralho, vai dar pro bispo. Bom, é possível que ele tenha dito algo mais elegante como "mas que senhor de renhida fé cristã inconveniente, que vá estorvar um presbítero", mas a mensagem era essa aí.

Houve então a chamada Intentona Integralista, em que oitenta idiotas integralistas tentaram invadir o Palácio Guanabara, residência oficial de Getúlio. Muitos foram fuzilados. Plínio Salgado acabou exilado para Portugal.

Superado esse pequeno entrevero (o que é neste mundo que um fuzilamento não resolve, não é mesmo?), o Estado Novo seria uma época de muitas transformações para o Brasil. Foi criado o salário mínimo e sancionada a Consolidação das Leis do Trabalho, a CLT, que regulamentou assuntos como jornada de trabalho e férias, o que fez o povão ter certo carinho por Getúlio.

Para os críticos, Getúlio foi um populista, por seu vínculo paternalista com as massas, para quem distribuía algumas migalhas. Ele próprio gostava de se apresentar como "o pai dos pobres". Para os apoiadores, foi o primeiro presidente a não governar somente para a elite.

Foi uma época de censura. Criou-se o Departamento de Imprensa e Propaganda (DIP), que decidia o que poderia ser publicado. Abrangia não só os veículos de comunicação, mas também filmes, peças, livros. Além disso, o DIP fazia propaganda de culto à personalidade de Getúlio. Além de peças publicitárias em jornais e rádios, tudo que era padaria ou boteco era constrangido a ter uma foto oficial do Getulião lá, olhando com aquela cara meio sisuda de quem estava um pouco apertado.

Houve ainda ampla perseguição dos opositores do regime, com prisões e tortura, especialmente contra comunistas. Dois casos famosos são os de Carlos Marighella e Joaquim Câmara. Ambos conseguiram a triste proeza de serem torturados pelo regime de Vargas e, mais de trinta anos depois!, serem assassinados pela ditadura militar.

Tancredo Neves, que foi ministro da Justiça de Getúlio e que em 1985, muito depois, seria eleito presidente da República (mas morreria antes de assumir), tem uma frase muito estranha sobre Vargas: "Foi um ditador progressista, um ditador humanitário, em que pese uma ou outra acusação de violência."

Sabe-se lá que Ypióca se passava na cabeça de Tancredo para falar em "ditador humanitário", que é mais ou menos como falar em "general bailarino" ou "arcebispo rapper" — até pode ter, tomara que tenha, mas difícil, né?

Essa imagem meio positiva de Getúlio ficou, porém, na população, até pelo seu fim trágico. Veja a quantidade de avenidas em sua homenagem. Veja a dificuldade dos políticos brasileiros contemporâneos em chamá-lo de ditador. O velho ficou bem na fita.

Mas, antes disso, ainda no governo Vargas, para você que achou que estava faltando morte neste livro, o Brasil vai à guerra.

NÃO ACHANDO O INIMIGO, PRENDEM O VINHO

Vários anos antes de Getúlio chegar ao poder, o Brasil tinha participado da Primeira Guerra Mundial ao lado dos Aliados (Inglaterra, França, EUA...) e contra os alemães.

Quer dizer, participado naquelas... O Brasil não fez muita coisa. A Marinha brasileira recebeu a ordem de patrulhar a região do estreito de Gibraltar, pedacinho de mar entre a Europa e a África. "Cuidado que aí tem submarino alemão", disseram os ingleses, que estavam organizando as tropas. Os brasileiros que foram para lá ficaram assustadíssimos, atentos a qualquer barulho, com aquilo na mão. Imagina, submarino alemão, esses caras não são de brincadeira. Qualquer mexida diferente na água causava cagaço. Não tinha, na época, radar nem nada disso, o que piorava a situação.

Num entardecer de novembro de 1918, os marinheiros brasileiros observam uma movimentação estranha na água. O alvoroço vai aumentando, "puta que o pariu, é o alemão", o comandante vai para a beira do barco, todo mundo com aquela cara de "fodeu", logo vem a ordem: "Abrir fogo!!"

Os brasileiros começam a disparar — de canhão, de metralhadora, de tudo que era jeito — alucinadamente, até porque estavam lutando pela própria vida, sem pena de gastar munição, um ataque vigoroso, pesado, uma barulheira do cacete, adrenalina lá em cima, uma loucura.

Depois de alguns minutos, "cessar fogo", parece que abatemos o submarino alemão. Os caras vão ver e... era um cardume de golfinhos... A gente exterminou os golfinhos. Sangue para todo lado, cadáver de golfinho — toninha, para ser mais específico, que é um tipo de golfinho — boiando, uns outros agonizando, uma cena horrível.

Esse episódio (é sério, eu juro que é sério) ficou conhecido como "A Batalha das Toninhas". Extinguimos os golfinhos do Mediterrâneo, uma vitória militar incontestável, o inimigo não teve chance, para a alegria dos ambientalistas.

Os alemães assinaram a rendição pouco tempo depois. A piada entre os professores de história é que eles pensaram: "pô, esses caras são loucos, se fazem isso com os golfinhos, imagina quando pegarem a gente", de modo que obviamente o mérito pelo fim da guerra foi do Brasil.

Mais de vinte anos depois desse bonito episódio, enquanto, no Brasil, Getulinho espalhava sua fotinha pelas padarias e pelos botecos, na Europa o pau comia novamente.

Como você, leitor versado em história do mundo, certamente sabe de cor, a Segunda Guerra começou em 1939, opondo os chamados Aliados (como Inglaterra, Estados Unidos e, desta vez, a União Soviética) ao chamado Eixo (Alemanha, Itália, Japão).

O problema é que, em primeiro lugar, havia uma simpatia natural de Getúlio, um ditador autoritário, por outros ditadores autoritários, como Hitler e Mussolini. Não é que eles fossem toda quarta-feira beber cerveja juntos no Quintal do Espeto, claro, mas rolava uma identificação por essa coisa de governo grande, pouca liberdade individual e liderança personalista.

Pior do que isso: a Alemanha vinha se tornando uma importante parceira comercial do Brasil, comprando algodão, café e cacau — chocolatinho pro Hitler, esta é a nossa contribuição no mundo...

Isso começou a incomodar o Franklin Delano Roosevelt, então presidente dos Estados Unidos. Ele começou a tentar reforçar os laços históricos de amizade entre os Estados Unidos e o Brasil, companheiros de continente. Incentivado pelo governo americano, o Walt Disney (é sério) criou o Zé Carioca, cuja primeira aparição foi em um filme de 1942 chamado *Alô, amigos*, em que o novo personagem levava o Pato Donald para passear no Rio de Janeiro, dançar samba e tomar cachaça (sim, é sério).

Como era de se esperar, por mais fofo e amigável que fosse o Zé Carioca levando o Pato Donald para ficar bem louco pelas ruas do Rio de Janeiro, ia precisar de mais do que isso para convencer o Getúlio a entrar na guerra com os americanos.

Sabendo disso, Roosevelt chamou o Brasil para conversar. Você sabe, aquele papinho como quem não quer nada, "se você gostar de comida mexicana, eu conheço um lugar ótimo, quem sabe a gente não vai lá no fim de semana...".

Querendo se fazer de difícil, Getúlio falou: "olha, eu não vou, mas vou mandar um amigo meu", movimento sempre perigoso, e despachou o Oswaldo Aranha (aquele do filé, lembra?) até os Estados Unidos para conversar com os caras. Esse episódio ficou conhecido, está nos livros, como "Missão Aranha".

Felizmente, quando Raul Seixas escreveu a bonita poesia do "Rock das aranhas" ("vem cá, mulher, deixa de manha/ minha cobra quer comer sua aranha", quase Camões), desvirtuando completamente o sentido de "Missão Aranha", Oswaldo Aranha já estava morto há algum tempo, o que lhe evitou as piadinhas, a fadiga e o enfado com a falta de maturidade alheia.

Getúlio e seu amigo Aranha acabaram arrancando de Roosevelt uma série de contrapartidas para que o Brasil ficasse ao lado dos Aliados. Getulinho (Getz, Tulinho, Tutu, a depender da intimidade) estava preocupado com a necessidade de tornar a economia brasileira menos dependente do café, que estava na lama desde que a crise de 1929 derrubara terrivelmente o seu preço. Convenhamos: se você não tem dinheiro, comprar café não é lá exatamente a sua prioridade. Como diz a professora Maria Ligia Prado, da USP, "o café é um negócio que vem depois da sobremesa". Para você ver nossa situação naquela época. Estávamos pior do que aqueles sorvetes Jundiá que eu sei que você compra aí.

Dessa forma, Getúlio fez os americanos construírem uma imensa siderúrgica em Volta Redonda, no estado do Rio de Janeiro. É a Companhia Siderúrgica Nacional (CSN), que está lá até hoje. Também conseguiu dinheiro para financiar o surgimento da Companhia Vale do Rio Doce, que passou a explorar minério de ferro no interior de Minas Gerais e fornecia para a CSN. Bom, melhor que café, vai.

Em troca, os americanos poderiam fazer bases aéreas e navais no Nordeste brasileiro, inclusive em Fernando de Noronha. E fizeram.

Há historiadores que dizem que os americanos estavam preparados para invadir o Nordeste, se necessário. Eles precisavam de bases no Atlântico Sul, uma vez que os alemães estavam no noroeste da África. Imagina os gringos desembarcando em Salvador para ocupar o Brasil. Eles de infantaria, artilharia, cavalaria e o caramba, e nós na resistência com... Asa de Águia e Banda Eva.

Isso era, de qualquer forma, visto como o último recurso por Roosevelt, porque poderia jogar o Brasil no colo dos alemães, e estava cheio de gente no Exército querendo se agarrar nos nazistas, a começar pelo ministro da Guerra. De forma que uma siderúrgica pareceu mais sensato.

Quem não gostou, desta vez, foram os alemães. Nem tanto por ciúmes do Zé Carioca (não é que o Hitler estivesse ansioso para ver o "Fritz Berlinense" levando o Pato Donald para comer salsichão...), mas porque consideravam que o apoio aos americanos, na prática, significava que o Brasil havia entrado na guerra.

Dessa forma, submarinos alemães (só a expressão "submarino alemão" já dá mesmo um medo, não?) começaram a afundar navios brasileiros no Atlântico. E, olha, não é que a gente tivesse muitos assim para ficar desperdiçando...

Com o apoio entusiasmado da população, seria formada a Força Expedicionária Brasileira (FEB), que iria lutar na Itália. Quer dizer, conseguimos a proeza de levar dois anos entre a declaração de guerra e a estruturação da FEB, porque sabe como é essa nossa dificuldade com prazos, "rapaz, já tô na marginal, o Waze diz que mais cinco minutos"...

A demora se explica pela absoluta falta de preparo nacional para ir para a guerra. A ideia era mandar 100 mil homens, mas só conseguimos 25 mil. O brasileiro padrão vivia no campo, era semianalfabeto, meio desnutrido, sem treinamento militar algum, absolutamente irrecrutável.

Aliás, houve também certa arrogância. Ficou famosa a frase do general Zenóbio da Costa, um dos comandantes da FEB, quando os americanos insistiram em mais treinamentos para as tropas brasileiras, que foram alocadas para o combate na Itália: "Não precisa! Os meus meninos tomam aquela merda no grito!"

"No Brasil, achava-se que uma semana no mato equivalia a treinamento de combate. Muitos acreditavam que a fanfarronice encenada em campanhas nas coxilhas ou nos tiroteios contra estudantes paulistas destreinados bastasse para enfrentar o Exército alemão", escreveu um historiador.

Basicamente o cara chamou todas as épicas e gloriosas batalhas sangrentas que eu narrei até aqui neste espetacular livro de... fanfarronice. Viu, leitor, perdeu seu tempo, devia ter comprado um livro sobre a Segunda Guerra. Ah, mas aí não ia ter o Chico Diabo na Guerra do Paraguai nem o Antônio Conselheiro com diarreia no meio da briga em Canudos. Vai ver se Hitler tinha um auxiliar chamado Joseph Diabo ou se morreu de caganeira. (Spoiler! Não morreu.)

Bom, para variar digressionamos. Narrativa linear é para os fracos.

Nós na Segunda Guerra, era onde estávamos.

Veja, eu não quero falar mal dos pracinhas, porque eles foram lá com toda a coragem do mundo e deram o melhor deles. Como diz o jornalista Eduardo Bueno, foi uma parceria ao estilo Caracu: o Getúlio entrou com a cara, e os pracinhas entraram com o... pois é.

Mas o fato é que os caras fizeram umas cagadas. (Quem não faz?) Alguns casos que fizeram os comandantes do Exército americano, ao qual as tropas brasileiras estavam subordinadas, ficarem loucos da vida.

Um exemplo: teve brasileiro brincando com mina terrestre no acampamento militar, jogando o troço um para o outro, tentando descobrir o que era aquilo. Felizmente, não explodiu.

Em 12 de dezembro de 1944, um caso mais grave. Os brasileiros invadiram uma casa cheia de alemães e, admiravelmente, mataram todos os inimigos. Os gênios, porém, se esqueceram de inspecionar o porão, algo que consta na aula 1 de invasão de residências. Nas palavras utilizadas em um documento do Exército americano, foi uma "lamentável negligência".

Um único soldado alemão tinha ficado escondido por lá. Quando os brasileiros saíram da casa e começaram a se afastar, ele, sozinho, metralhou todos eles pelas costas. Morreram dezessete soldados.

(Agora você já sabe: quando for para a guerra, vai lá ver o porão, cazzo.)

Até as motivações dos pracinhas para irem para a guerra podiam ser meio esquisitas.

Um veterano, por exemplo, relatou ter ido para a guerra porque era uma chance de ir embora do Mato Grosso, para onde tinha sido enviado.

"Era um calor tremendo, de noite ficava mais quente do que de dia. Além disso, tinha tanta mosca que não tinha jeito de dormir. Aí pediram voluntários para ir para a Itália. Eu me apresentei. Aliás, todos os paulistas lá do quartel se apresentaram."

Tem quem prefere ir para a guerra a ficar em Mato Grosso!

No final, apesar do sofrimento, apesar do frio, apesar da falta de treinamento, os nossos meninos lutaram que nem gente grande e foram muito bem. Executaram com sucesso a maioria das quase quinhentas missões que lhes foram designadas na Itália. Depois da tomada do Orkut, foi a coisa mais épica que os brasileiros já fizeram.

Não foi fácil. No front, as condições eram terríveis. Além do medo de morrer, teve cara que ficou três meses sem tomar banho. E o cabo Sydonio Pedro, que décadas depois daria este relato?

> Comi uma uva passada, me deu uma disenteria. E neste momento veio o alemão balançando o holofote, e eu com eles na mira... Foi na cueca mesmo. Não tinha jeito de sair dali, não tinha mais roupa, não tinha jeito de tomar banho. Fiquei mais de um mês assim. E a turma: "Pô, que mau cheiro." Falei: "Sou eu! Caguei nas calças!" Depois que secou, você pegava a calça, fazia assim e ela quebrava, trec-trec. Aí liberamos uma cidade, tinha aquele chafariz. Ah, tomamos banho lá, pelados, todo mundo pelado.

Apesar disso, os rapazes se divertiram um pouco. Os depoimentos dos pracinhas sobre isso também são muito bons. Um deles contou: "Quando estávamos indo para a Itália, um capitão fez a proposta de todos manterem a castidade na guerra. Acabou apelidado de capitão Palmita de la Mano."

A guerra tinha suas pausas, os soldados tinham algumas folgas, havia diversas cidades na "retaguarda", já dominadas pelos aliados, onde se podia circular tranquilamente. Desse modo, houve dezenas de casos de brasileiros que voltaram noivos de italianas. A FEB, depois da guerra, chegou a mandar um navio até a Itália só para ir buscar essas mulheres!

O cara tá no intervalo da guerra, alemão para todo lado, gente morrendo todo dia... Mas o bonitão lá, na função, só jogando papinho na mulherada, falando que vai levar para experimentar caipirinha, que vamos dançar forró juntos no Canto da Ema, que já pode ir escolhendo o nome das crianças, "aliás, eu já falei que adoro criança?"...

E, já que a gente não foi para a Itália para "ficar na mão", também não fomos para a Itália para ficar sóbrios, né?

A FEB tinha um jornalzinho chamado *E a Cobra Fumou...*, porque se dizia que era mais fácil uma cobra fumar do que o Brasil ir à guerra. Eis um poema publicado por um dos soldados no front:

> Eu quero apresentar os nossos rapazes
> Valentes bebedores de uma pinga
> São guerreiros também. Já faz um ano
> Ou, se não fez, deve faltar pouquinho
> Que, em patrulhas na casa do italiano
> Não achando o inimigo, prendem o vinho

"Não achando o inimigo, prendem o vinho"... Não dá para dizer que os soldados brasileiros não tinham senso de humor. Outro caso: a metralhadora que os alemães utilizavam, a MG42 (ou "Maschinengewehr 42", isso é que é nome de metralhadora de respeito), ficou para sempre conhecida no Brasil pela alcunha mais tropical de "Lurdinha". Mesmo os generais, os jornalistas e basicamente todo mundo a chamava assim. Por quê?

Porque um soldado, logo no início da participação brasileira na guerra, um dia se deparou com os alemães e disse que o barulho da metralhadora deles, alto e com um disparo muito veloz, lembrava muito o tom de voz da sua ciumenta namorada, a Lurdinha...

Além da metralhadora do inimigo, diversos oficiais ganharam apelidos dados pelos soldados, do capitão Carroceiro (muito rude) ao major Lagartão (meio surdo e imóvel).

A convivência com os militares americanos impressionou os brasileiros, positiva e negativamente.

Por um lado, os brasileiros ficaram chocados com o quanto os oficiais americanos se misturavam com os soldados. Comiam com eles, entravam na mesma fila, puxavam papo sobre a família.

O oficial brasileiro achava que pegava mal ser visto com a peonada. E vou eu, general, ficar na fila do refeitório atrás de pracinha? Vai que esse cara espirra na comida e eu pego uns germes pobres contagiosos que falam "pobrema"?

Os oficiais brasileiros ficaram até incomodados que os uniformes que os americanos haviam distribuído eram idênticos para todos os combatentes, independentemente de hierarquia. Improvisaram algumas adaptações para diferenciá-los. Quando foram para o front, perceberam que isso os tornava alvo preferencial dos alemães — os sábios não haviam pensado que, tendo a informação e a oportunidade de escolher, o inimigo ia preferir atirar primeiro num oficial. Tiveram que correr para fazer os uniformes voltarem a ser o que eram antes.

O Exército americano, no final da guerra, queria dar uma medalha para todos que haviam participado dela. O comandante brasileiro disse que deveria ser só para os oficiais, senão ia ficar chato um cabo voltar para o Brasil e ter uma condecoração que talvez o seu superior não tivesse. Os americanos bateram o pé: ou é para todo mundo, ou não é para ninguém. Ninguém recebeu...

Por outro lado, no Exército americano havia forte separação entre tropas de negros e de brancos, o que muito impressionou de modo negativo os brasileiros, porque entre nós, obviamente, ficava todo mundo junto. Aliás, em vários estados americanos não era nem permitido ainda o casamento inter-racial. Em dezessete deles, até nada menos que 1967!

Tanto quanto libertar a Itália, a Força Expedicionária Brasileira ajudou a derrubar o governo Vargas.

Com a queda na Europa do fascismo italiano e do nazismo, tornava-se quase inevitável a pergunta: se nossos rapazes lutaram pela democracia no exterior, por que voltariam para um país autoritário?

Veio então o chamado Manifesto dos Mineiros, assinado por 92 personalidades daquele estado, como políticos, jornalistas e advogados, pedindo a volta da democracia, com a saída de Vargas.

O presidente não prendeu ninguém, limitando-se a demitir aqueles que tinham cargos públicos — o que, para os padrões da época, era quase que mandar flores.

Começou um zum-zum-zum. Armando Salles de Oliveira, aquele ex-governador de São Paulo, divulgou uma carta defendendo a democracia. Professores de direito do Rio de Janeiro fizeram o mesmo. Todo mundo estava nessa de cartinha. Até os escritores fizeram uma carta pública — supostamente mais bem escrita, claro.

Quando Vargas viu que os escritores, essa gente perigosa, estavam contra ele, tremeu na cadeira. "Imagina se eles pegarem em armas, os escritores!" Pensa no Mário Quintana, aquele violentíssimo poeta que escreveu "mas onde já se ouviu falar num amor à distância, num teleamor, eu sonho é um amor pertinho", de fuzil na mão, gritando "uh, vai morrer"?!

Felizmente a Grande Chacina Promovida pelos Escritores da Nação não foi necessária, porque, por incrível que pareça, as cartinhas derrubaram a ditadura.

A grande onda de críticas a Vargas e seu regime tornou impossível censurar a imprensa — teria que fechar quase todos os jornais. O STF concedeu uma autorização para os exilados voltarem. O próprio Luís Carlos Prestes, aquele da Intentona Comunista, foi anistiado e solto. O clima fechou para Getúlio.

O gaúcho, percebendo que estava na contramão do mundo, concordou com a realização de eleições. Mas nem isso acalmou a opinião pública. Quem garante que ele está falando a verdade e não vai nos enrolar por mais uns tantos anos?

Vendo que os militares estavam se articulando para tirá-lo do poder e, assim, garantir que haveria votação, Getúlio se antecipou e assinou a sua renúncia. Não era humildade: melhor assim, garantindo que os seus direitos políticos seriam preservados, do que "à força", situação em que ele poderia acabar até exilado ao exterior.

Como não havia vice, quem assumiu provisoriamente foi o presidente do STF, até alguém ser eleito. Getúlio viajou para São Borja, sua cidade no Rio Grande do Sul, e por lá ficou. (O engraçado é que há historiadores que falam em "exílio", como se São Borja fosse outro país e não a casa do cara!)

AI, GEGÊ, QUE SAUDADE DE VOCÊ

Em 1946, o general Eurico Gaspar Dutra seria eleito presidente, com o apoio de Vargas, de quem era ministro da Guerra.

A única coisa relevante sobre o Dutra é que ele tinha um problema de dicção que o fazia trocar o "c" e o "s" pelo "x", como em "voxê xabe xe vai chover hoje no Xeará?", no exemplo dado por Ruy Castro.

Tirando esse Xou da Xuxa meio ridículo do general, foi um governo xem grande xuxexo. A economia ia mal. A inflação disparou. O povo sentia seu poder de compra sendo corroído, sem os reajustes da época de Getúlio. Para ajudar, o Brasil perdeu a Copa de 1950 jogando em casa (embora, perto do 7 × 1 de 2014, perder de 2 × 1 do Uruguai na final no Maracanã tenha sido até bastante aceitável).

Dutra, por influência da mulher, muito católica, proibiu o jogo de azar no Brasil. A velha, Carmela, era conhecida pelo povo como "dona Santinha", porque era daquelas que só sabiam falar de religião, coitado do Dutra. ("Xantinha, xega de falar de Xesux Crixto!") A chata encheu tanto o saco do Dutra falando que esse negócio de jogatina era coisa do Satanás que ele cedeu.

A consequência foi o fechamento de diversos cassinos, inclusive o magnífico Quitandinha, em Petrópolis, um palácio que também era um hotel, com 440 quartos e treze salões, coisa impressionante. O dono era o Joaquim Rolla, e eu vou poupá-los de qualquer trocadilho infame. (Já não basta o que sofrem os habitantes de Rolândia, no Paraná, que precisam ficar ouvindo gente dizer coisas como "ah, preciso conhecer sua cidade, até hoje eu só estive em Picópolis" e lamentáveis piadinhas do gênero.)

A proibição do jogo foi muito malvista pela classe artística, especialmente pelos músicos. Não porque eles fossem dados à jogatina (talvez até fossem), mas porque os cassinos eram uma importante fonte de renda para eles, já que promoviam uma infinidade de shows ao vivo e pagavam bem, uma vez que tinham dinheiro sobrando. Uma boa trilha sonora era útil para manter os apostadores animados.

Coincidência ou não, foi na cultura popular que ganhou força a campanha pela volta de Getúlio. Um sujeito chamado Jorge Goulart faria sucesso com este hit:

Ai, Gegê! Ai, Gegê!
Ai, Gegê!
Que saudades que nós temos de você!

Getúlio, veja só que homem pragmático, não só não se incomodou com o "Gegê" como passou a utilizar a música na sua campanha...

Mas essa não foi a única. Uma outra, famosíssima na época, foi cantada por Francisco Alves:

Ô!
Bota o retrato do velho outra vez
Bota no mesmo lugar!
Bota o retrato do velho outra vez,
Bota no mesmo lugar!
O sorriso do velhinho faz a gente trabalhar

Pior que a música era gostosinha, divertidinha, recomendo que você procure na internet. Outra música que louvava Getúlio o apresentava como "gorduchinho, pequenino, quase calvo". Porra, Getúlio, com esses amigos que você tem, hein...

Cartazes com a frase "Ele voltará" se espalharam pelas capitais do Brasil, e não era coisa de testemunha de Jeová. Conforme as eleições de 1950 se aproximavam, ficava claro que Getúlio só não ganharia se não quisesse.

Ele quis. Aos 68 anos, Vargas viajou o Brasil em campanha. Não havia um lugar em que não fosse aclamado pelo povo.

Nem todo mundo gostou, claro. Um jornalista, Paulo Duarte, da então revista *Anhembi*, escreveu sobre uma horda de "miseráveis, analfabetos, mendigos, famintos, andrajosos, boçais, espíritos recalcados, justamente ressentidos" que andavam atrás de Vargas aonde quer que ele fosse. Alguém se empolgou na adjetivação! (Imagina esse sujeito no amigo secreto da firma se pegar aquele colega com quem não vai muito com a cara... "Meu amigo é um boçal, espírito recalcado, justamente ressentido, analfabeto...") Aliás, dá para fazer uma camiseta:

Boçal &
Analfabeto &
Espírito Recalcado &
Justamente Ressentido

Pois então, apesar da irritação do sr. Duarte com os eleitores de Getúlio, não teve jeito. Em 1951, Getúlio tomaria posse.

Seu governo teve iniciativas importantes, como a criação da Petrobras, mas não foi a mesma coisa. Desta vez não havia censura à imprensa, e Getúlio tinha um grande inimigo.

Era o jornalista Carlos Lacerda, figura importantíssima dos anos 1950 e 1960. Ele se chamava Carlos Frederico em homenagem dupla a Karl Marx e Friedrich Engels, os dois autores do *Manifesto comunista*, de 1848. Então você imagina como era a casa onde cresceu esse menino: pôster do Che, vinil do Chico Buarque, aniversário no McDonald's nem pensar, pai barbudo, a mãe também um pouco.

No começo, Lacerda seguiu os pais. Chegou a participar da Intentona Comunista, quando era estudante. Mas em 1939 mudou de ideia, dizendo que então percebeu que o comunismo "levaria a uma ditadura, pior do que as outras, porque muito mais organizada e, portanto, muito mais difícil de derrubar".

O problema é que o cara foi para o outro extremo. Ficou mais de direita que cardigã com sapato mocassim. Odiava o populismo de Getúlio.

Lacerda utilizou o seu jornal, a *Tribuna da Imprensa*, para fazer de tudo para atrapalhar a vida de Vargas. Fazia todo tipo de crítica contra o governo do presidente, pedia a sua renúncia dia sim e no outro também, metia críticas a Getúlio até em reportagem sobre espetáculo de dança (Vargas, infelizmente, era apenas mediano nos seus passos de lambada, o que dava margem a esse tipo de implicância).

O leitor que chegou até aqui, neste livro espreme-que-sai-sangue, tem novamente uma chance para chutar o que acontece em seguida:

a) Lacerda vai até o Palácio do Catete, entra, pede para ficar sozinho com Getúlio e lhe fala a verdade: "Gegê, eu sou seu pai."
b) Getúlio e Lacerda se encontram numa sauna no Arouche, o clima acaba esquentando, Gegê experimenta uma dessas bizarras camisinhas que brilham no escuro e Lacerda diz que adora um jedi.

c) Lacerda decide que jornal impresso não dá futuro para ninguém e vira blogueirinha de moda, agora criticando os looks de Getúlio.
d) Alguém morre.

Ah, você é um gênio.

Numa noite de 1954, Carlos Lacerda, candidato a deputado federal, voltava de um comício. Pegou uma carona com um major da Aeronáutica.

Quando chegaram à rua Tonelero, em Copacabana, que ainda está lá (bom, onde ela estaria?), e desceram do carro, foram surpreendidos por tiros.

Na confusão, Lacerda leva um tiro no pé e consegue escapar vivo, mas o major morre após levar um tiro no peito. Um guarda municipal que estava por ali consegue anotar a placa do veículo.

Com a placa do seu carro aparecendo na imprensa, o taxista dono do veículo fica com medo e se apresenta voluntariamente em uma delegacia. Ele diz que havia levado dois passageiros até a rua Tonelero. (Que tipo de pessoa vai tentar matar alguém e... pega um táxi?)

O taxista é interrogado, e a polícia chega aos nomes da dupla. Um era um integrante da guarda pessoal de Vargas, chamado Climério Euribes, mas se você se chamasse Climério Euribes também teria certa vontade de sair matando gente e se vingando do mundo, não?

O outro era um mestre de obras que estava fazendo um frila de pistoleiro. Sabe como é, a vida na obra tava difícil, os boleto tudo para pagar.

Era apenas a segunda vez que o mestre de obras estava trabalhando de pistoleiro, descobriu-se depois. Na primeira, tinha matado o cara errado... Na segunda, como se viu, repetiu a proeza, já que o alvo era Lacerda. Só quem já contratou pistoleiro sabe a dificuldade que é achar um bom.

A partir desses caras, chegou-se a Gregório Fortunato. Tratava-se do chefe da guarda pessoal de Getúlio, um homem negro e forte que o acompanhava desde São Borja.

Ih...

À procura de provas, a polícia fez busca e apreensão na casa de Gregório, revirando tudo que foi documento que acharam.

Descobriu-se que, apesar de ganhar 15 mil cruzeiros por mês (o equivalente, em dinheiro de janeiro de 2018, a 9.200 reais), Gregório tinha um patrimônio estimado em vários milhões de cruzeiros. Óbvio que tinha rolo aí.

Pior: homem solidário, Gregório não tinha conseguido dinheiro só para ele, mas também repassara 3 milhões de cruzeiros para Manuel Vargas, filho caçula do presidente, numa operação estranhíssima que envolvia a compra de uma fazenda.

Getúlio não acreditou. Quando descobriu que Gregório tinha mandado atacar Lacerda, sem avisá-lo, ficou irritadíssimo. É possível que o segurança estivesse querendo vingar Getúlio dos ataques sofridos diariamente no jornal de Lacerda, mas, porra, olha o problema que o cara criou querendo se meter.

Mas o pior foi a coisa do dinheiro para o filho. Isso o deixou muito abalado. Getúlio podia ser qualquer coisa, inclusive velho, baixinho, gordinho e ter o apelido de Gegê, mas não era ladrão. O presidente disse que se sentia sentado em "um mar de lama".

Juscelino Kubitschek escreveria anos depois: "Todos nós, que tínhamos acesso ao palácio, constatamos que o homem alegre e comunicativo de antes se tornou um solitário amargurado, que vagava pelos salões do palácio." Chateado, sozinho, não queria nem fazer a barba, parecia o Tom Hanks naquele filme da bola de vôlei.

Getúlio reclamaria dos homens que participavam do seu governo com esta maravilhosa frase: "Metade não é capaz de nada, a outra metade é capaz de tudo."

O Congresso, a imprensa, os chefes das Forças Armadas e talvez uma parte significativa da população mais informada pediam a renúncia de Getúlio, agora já dado como corrupto.

"Querem me escorraçar daqui como se eu fosse um criminoso. Não pratiquei nenhum crime. Portanto, não aceito essa imposição. Daqui só saio morto. Estou muito velho para ser desmoralizado e já não tenho razões para temer a morte", disse Getúlio.

Todo mundo achou que era jeito de dizer, "daqui só saio morto", aquela coisa meio draminha. Mal comparando, é que nem quando os caras do Sorriso Maroto cantam aquele pagode "ai, ai, ai, ai, ai, ai, assim você mata o papai". Não maaaata de verdade, né?

Então, mas Getúlio não era do Sorriso Maroto. (Que pena.)

Às 8h30 da manhã do dia 24 de agosto de 1954, ouviu-se um tiro em seu quarto no palácio. Família e ajudantes correram para lá e o encontraram agonizante, após ter atirado no próprio peito.

Disse o Tancredo Neves, que estava lá: "Encontramos o presidente de pijama, com meio corpo para fora da cama, o coração ferido e dele saindo sangue aos borbotões. Ele ainda estava vivo. Ele lançou um olhar circunvagante e deteve os olhos na Alzira, sua filha. Neste momento, ele morre. Todos nós ficamos profundamente compungidos."

Aí eu te pergunto: se você se der um tiro, por acaso algum amigo seu vai dizer que tinha sangue aos "borbotões", que você olhou "circunvagante" e que ficou "compungido"? Pois é, para você ver com que tipo de maloqueiro sem classe linguística você anda.

Getúlio deixou uma carta. Olha um trecho:

Nada mais vos posso dar a não ser meu sangue. Se as aves de rapina querem o sangue de alguém, querem continuar sugando o povo brasileiro, eu ofereço em holocausto a minha vida. Quando vos humilharem, sentireis minha alma sofrendo ao vosso lado. Saio da vida para entrar na história.

E-xa-ge-ra-do... Meu deus. Getúlio faz Cazuza ("nunca mais vou respirar se você não me notar, eu posso até morrer de fome se você não me amar" e aquela coisa toda) parecer comedido. Vai ser compungido assim para lá... (Gostou da riqueza vocabular, hein.) "Sentireis minha alma sofrendo ao vosso lado"? Ai, Getúlio, você era melhor na época em que saía nomeando tenente interventor para cima e para baixo...

Bom, mas o fato é que o povo se sensibilizou. Milhares de pessoas saíram às ruas no país inteiro em homenagem a Getúlio. Grandes greves começaram. Tacaram fogo em dois caminhões do jornal *O Globo*, que já existia, e atacaram a sede da *Tribuna da Imprensa*, do Carlos Lacerda. O Lacerda, aliás, teve que fugir do país! Ia acabar levando tiro, e uma hora alguém acerta...

Ou seja, num momento em que o varguismo se encontrava acuado como nunca, o suicídio de Getúlio virou o jogo. A morte tem esse poder.

É meio, perdoem a comparação, como os Mamonas Assassinas (mas para quem já comparou com o Sorriso Maroto...). Se não tivessem morrido, é óbvio que uma hora a onda ia ter passado e eles teriam sido meio esquecidos. Um teria virado crente, outro ia ter um bico no Programa do Didi... Mas a tragédia muda a coisa de patamar, né?

Não que a obra de Getúlio fosse exatamente comparável à dos poetas que nos deram "fui convidado pra uma tal de suruba, não pude ir, Maria foi no meu lugar". Você pode gostar ou não de Getúlio. Há, claro, toda a questão ditatorial e seu jeito meio fascistão. Mas o fato é que ele representou algo muito novo em comparação à República Velha, aquele monte de aristocratas que só pensavam no próprio umbigo.

PINTO PEQUENO, CASPA E UMA VACA FARDADA

O vice-presidente Café Filho assumiria a presidência em meio à perplexidade nacional, ainda em 1954. As eleições estavam programadas para 1955.

Óbvio que o eleito seria alguém próximo de Getúlio Vargas. Foi o governador de Minas Gerais, Juscelino Kubitschek, amigo e herdeiro político do presidente que havia se matado.

Havia um zum-zum-zum de que uma ala do Exército daria um golpe militar para impedir que Juscelino assumisse.

Foi quando o general Henrique Lott, que não concordava com isso, deu um "golpe de Estado preventivo", antes que os outros dessem, para garantir que as urnas fossem respeitadas. (Este deve ser o único lugar do mundo que tem golpe até para não ter golpe.)

A história de vida de Juscelino é bonita. Seu pai era caixeiro-viajante — caras que andavam por aí vendendo muamba, numa época em que a disponibilidade de produtos era bem menor. O problema é que o sujeito morreu de tuberculose quando o Juscelininho tinha só 2 anos, deixando a mãe dele sozinha para criar dois filhos pequenos em Diamantina (MG). Ela trabalhava como professora primária.

Juscelino foi, portanto, o primeiro ex-pobre a chegar à presidência, bem antes do Lula. Bom, não é que passasse fome, ok, mas certamente veio de fora da elite — o próprio Vargas, "pai dos pobres", era de família tradicional no Rio Grande do Sul. O Floriano era meio ferrado também, para falar a verdade. Mas isso aqui não é quadro do programa do Luciano Huck para gente ficar competindo para ver quem é mais indigente, certo?

O sobrenome Kubitschek veio com o bisavô materno de Juscelino, originalmente Jan Nepomuk Kubíček. O cara era da atual República Tcheca, mas, bom, óbvio que ele chegou a Minas Gerais e foi apelidado de "João Alemão".

Quando tinha 12 anos, Juscelino usou o velho golpe de pobre do interior para continuar estudando: se matriculou no seminário e jurou para os padres que queria seguir carreira religiosa. A técnica era esta: você fica lá, finge interesse em Jesus, aproveita os anos de educação boa, tenta desviar da sanha carnal-eclesiástica dos padres, e ao final vai embora fazer outra coisa, já que os padres não podem te obrigar a virar um deles.

O ensino nesses lugares costumava ser bom. O problema, além das eventuais investidas degeneradas nos alunos mais bonitinhos, é que os padres eram chatíssimos e o regime é de internato: tem que acordar cedo, dormir na hora que os padres querem, não pode fumar maconha, todas aquelas regras inexplicáveis.

Juscelino ficou lá até os 17 anos. Aprendeu inglês, francês, latim e matemática. Passou em um concurso para telegrafista — o cara que recebia e mandava telegramas, que eram transmitidos por código morse, letra a letra. Você aí que passa o dia esbanjando banda larga no xis-vídeos não sabe o trabalho que dava transmitir informação no passado.

O concurso lhe permitiria ir para Belo Horizonte, mas havia uma idade mínima de 18 anos. Como diria o ex-jogador Sandro Hiroshi, porém, idade é coisa superestimada. Juscelino fraudou os próprios documentos, envelheceu um ano e tudo ficou certo. (Isso era muito comum na época. Getúlio fez coisa parecida, mas no caso dele para ficar um ano mais novo.)

Em Belo Horizonte, passou no vestibular para medicina na Universidade Federal de Minas Gerais. Manteria o emprego de telegrafista durante os seis anos do curso.

Depois de formado, tornou-se um médico conhecido em Belo Horizonte. Bom, não era tão difícil assim, porque BH, na época, não era grande.

Quando Juscelino se mudou para a cidade, em 1920, ela tinha apenas 55 mil habitantes — mais ou menos o tamanho atual das gloriosas cidades mineiras de Itabirito ou Pirapora, para você ver. A escola de medicina tinha sido fundada nove anos antes, então é possível que eles ainda estivessem pegando o jeito de abrir as pessoas e tal. Tentativa e erro.

(Pequena aula de história de Minas Gerais: a capital do estado até 1897 era Ouro Preto. Os caras planejaram e construíram Belo Horizonte do zero, o que explica aquele centrinho bonitinho todo quadriculado que a cidade tem. O resto é posterior e saiu tudo cagado.)

Logo Juscelino começou a se envolver com política. Ajudava o fato de estar noivo de Sarah Lemos, que era filha de um deputado federal. Ele havia conhecido Sarah ainda antes de terminar a faculdade, em 1926, numa festa (num baile tradicional, não no Carnafacul, obviamente).

Micareteiro experiente, Jusça foi dar uma ideia na mina e, como bom aluno de medicina, certamente disse "ai, eu faço med" antes mesmo de falar o próprio nome — até porque, convenhamos, "Juscelino" é difícil.

Sarah resistiu a se entregar a um relacionamento. "Kubitschek?! Nossos filhos não vão conseguir aprender a escrever essa porra de sobrenome nunca", teria pensado. Mas o mercado também não estava fácil para ninguém ("o meu cupido é gari, só me traz lixo", teria dito para as amigas), e, por falta de opção melhor, eles acabaram noivos.

Assim como o sogrão, Juscelino logo seria deputado federal e depois prefeito (por nomeação, não pelo voto) de Belo Horizonte. Mais tarde, em 1950, aos 48 anos, seria eleito governador de Minas Gerais.

Eleito presidente da República cinco anos depois, Kuby veio com uma ideia de "50 anos em 5", ou seja, de correr para tirar o Brasil do atraso. De fato, o país era uma grande roça na época, ainda pior do que hoje.

O problema é que não tinha dinheiro para fazer tudo que o cara queria, então ele endividou brutalmente o Brasil. Há quem ache que ele foi um gênio desenvolvimentista. Outros acham que sua irresponsabilidade financeira deixou o país quebrado, o que levou a um ambiente tumultuado nos anos 1960 que deu na ditadura militar. Isso sem falar na inflação, porque Juscelino não podia ver uma impressora que mandava imprimir dinheiro, desvalorizando-o. Era o tarado da Epson.

A coisa mais famosa que Juscelino fez foi inaugurar Brasília, a nova capital, que supostamente ajudaria a desenvolver o interior do país. O urbanismo ficou por conta de Lúcio Costa; a arquitetura foi de Oscar Niemeyer. Dois caras de esquerda que conseguiram a proeza de fazer uma cidade onde você não vê pobre, porque eles estão todos escondidos nas horríveis cidades-satélite periféricas.

Lúcio Costa inventou um sistema de endereços cheio de siglas, que fazem as pessoas falarem coisas como "me visita lá, moro na SQSYYFUS45, bloco 3". Além disso, tudo é longe para caramba, você precisa de carro para qualquer coisa.

Espaços vazios enormes, claro, valorizam a arquitetura, porque destacam os prédios, fazendo com que pareçam mais imponentes. Lindo para o bonitão que vai se gabar de ter desenhado aquilo, mas coitado do sujeito que precisa ficar andando de um prédio até o outro. (Se dá um aperto para usar o banheiro no meio do caminho, então...) Brasília é, porém, diferente de tudo que você já viu, e não dá para dizer que os caras não tiveram o mérito de tentar algo novo.

Niemeyer morreria aos 104 anos (!), em 2012, defendendo Stalin e dizendo que os americanos iam invadir a Amazônia... Mais paranoico que anão dançando na boquinha da garrafa.

Falando em carro, Juscelino conseguiu capital estrangeiro para trazer para o Brasil fábricas de automóveis, num processo rápido de industrialização nunca antes visto por aqui. A Volkswagen, por exemplo, abriu uma fábrica em São Bernardo do Campo (SP), que fazia Fusca e Kombi, este o favorito dos feirantes e dos ripongas — imagina se vendesse maconha na feira, não ia ter a menor chance para outra marca.

O Fusca e a Kombi entraram para a cultura popular brasileira. Ambos os carros viviam dando problema, no fundo eram uma porcaria, mas quem viveu essa época se lembra deles com carinho — eram o Orkut do mundo automotivo.

Foi uma época feliz no Brasil. Além dos fusquinhas, o país ganhou a sua primeira Copa do Mundo, em 1958, com Pelé e Garrincha. Na final, contra a Suécia, o Brasil começou perdendo, mas virou o jogo e ganhou por 5 × 2. Ao fim da partida, o menino Pelé, com 17 anos, dois gols na partida, chora emocionado no ombro do goleiro Gilmar, numa das fotos mais brasileiras já feitas: o Brasil era a única seleção em que negros jogavam com brancos.

O país acompanhou os jogos pelo rádio. Na volta, os jogadores desfilaram no Recife, no Rio e em São Paulo. As cidades pararam para recebê-los. Nelson Rodrigues escreve que a vitória acabou com o "complexo de vira-latas" do brasileiro.

Além disso, nessa época começaram a se popularizar eletrodomésticos nunca antes vistos, como aspiradores de pó e toca-discos. (Era o primeiro passo rumo às lojas Polishop. Talvez fosse melhor nem ter começado.)

Surge também nesse período a Bossa Nova, com a lindíssima música "Chega de saudade", composta por Tom Jobim e Vinicius de Moraes e cantada por João Gilberto.

Tom e Vinicius, aliás, eram dois dos maiores bêbados do Rio de Janeiro, que nos anos 1950 e 1960 era facilmente a melhor cidade do mundo para se morar. Quando Vinicius foi demitido do Itamaraty (era diplomata), já na ditadura militar, um alto representante do governo justificou que estavam mandando para casa uma leva de "corruptos, homossexuais e bêbados", ao que Vinicius rapidamente se pronunciou: "Eu sou o bêbado." (Ele de fato não aparecia para trabalhar quase nunca, embora recebesse.) O poeta casou nove vezes — não dá para dizer que ele não tentou... Dizia-se feliz. Afirmou que, se pudesse nascer de novo, gostaria de voltar igualzinho, "só que com o pau um pouquinho maior".

Esse era o Brasil de Juscelino, em que parecia que todos os nossos problemas se resolveriam com talvez uns 2 centímetros de pau a mais. O período ficou conhecido como "Anos Dourados", de esperança e otimismo. Mas eles não duraram muito. (E, de resto, pinto é um negócio que com o tempo só tende a encolher...)

A eleição de 1960 se aproximava. Juscelino não poderia se candidatar, porque a reeleição não era permitida na época. Ele pretendia voltar em 1965 — o mandato era de cinco anos.

Juscelino estava sendo muito atacado por duas razões: recalque e inveja das inimigas de plantão. Tá, ok, as duas razões de verdade: a inflação e a corrupção.

A inflação era um fato. O custo de vida tinha subido muito. No afã de desenvolver o país a qualquer preço, Juscelino descuidara da estabilidade econômica.

Mas o que chamava mais a atenção eram as acusações de corrupção. Entre outras coisas, se dizia que a construção de Brasília havia sido superfaturada. Ah, vá.

Nunca se comprovou a existência de benefícios pessoais a JK, mas surpreendente seria se uma obra desse porte tivesse sido feita, no Brasil, com toda a lisura. Estava disseminada a percepção na população de que havia uma roubalheira em curso no país — coisas de antigamente, sei que é até difícil imaginar.

Esse foi o grande tema da eleição de 1960.

O candidato de Juscelino era o general Henrique Lott, aquele mesmo que havia dado um golpe militar preventivo para garantir que o próprio JK assumisse. Era o candidato da herança getulista, digamos. Mas, pô, precisavam ter escolhido um general? O cara, para ajudar, tinha o carisma de um desentupidor de vaso.

Seu concorrente era uma aberração da natureza chamada Jânio Quadros, então governador de São Paulo.

Jânio era o candidato apoiado pela UDN, a União Democrática Nacional, partido de Carlos Lacerda e outras vozes anticomunistas, antipopulistas, antigetulistas, antijuscelinistas. Os caras odiavam tudo que Getúlio representava. Vai cantar "ai, Gegê, que saudade de você" no ouvido do Lacerda para você ver o monstro saindo da jaula.

Jânio nem era da UDN — era filiado a um outro partidinho irrelevante. Mas a UDN estava fora do poder há muito tempo e não tinha nenhum outro candidato com reais chances de vitória. Ao perceber a viabilidade eleitoral de Jânio, o partido embarcou na sua coligação.

Jânio era um professor de São Paulo. Formado em direito pela USP, dava aulas de geografia no Dante Alighieri e no Vera Cruz. Era um homem malvestido e descabelado. Gostava de sanduíches de mortadela. Seus ternos estavam sempre sujos de caspa. Uma sensualidade transbordante, portanto. Dá-lhe Head & Shoulders.

Além de tudo, o bicho era esteticamente prejudicado. A sua própria mulher falaria assim da sua primeira impressão ao conhecê-lo: "Eu jamais conhecera um homem tão feio." Algo a fez acabar casando com ele, porém. Talvez ele fosse muito amoroso. Talvez não tivesse aquele mesmo problema de centimetragem do Vinicius de Moraes. Vai saber.

Ele também bebia muito: na São Francisco, onde fez a graduação, era conhecido como "Jânio Cachaça", e olha que lá a competição não devia ser pequena. Anos depois, durante uma longa entrevista, assustaria um jornalista da *Veja* ao beber (o repórter contou) "20 latas de cerveja, 6 copos de caipirinha e 11 taças de vinho". Sua frase mais famosa, já na presidência, seria "bebo porque é líquido; se sólido fosse, comê-lo-ia".

Jânio fez toda a sua campanha a partir da ideia de combate à corrupção. Seu símbolo era uma vassoura. Seu jingle: "Diga onde você vai, que eu vou varrendo..." Não, mentira, era este (não muito diferente):

> Varre, varre, varre, varre,
> Varre, varre, vassourinha,
> Varre, varre a bandalheira
> Que o povo já está cansado
> De sofrer dessa maneira.

(Embora a versão do Molejo tenha um assustador trecho — "mas tome cuidado com o cabo da vassoura, é pior do que cenoura, você pode se dar mal" — que certamente não representa o uso que Jânio imaginou para a sua delicada vassourinha. Suponho.)

Vale a pena ouvir na internet o jingle de Jânio, porque a musiquinha é boa. Aliás, veja como a democracia brasileira, entre a República Velha e os anos 1950 e 1960, deixa de ser um clube de cavalheiros elitista para ganhar contornos de democracia das massas, agora com jingle, comícios, gente com caspa, aquelas coisas que caracterizam a participação popular.

Foi também a primeira vez que a TV, ainda incipiente, foi usada numa campanha eleitoral — Jânio tinha uma propaganda em que uma família reclamava do aumento no preço do leite. Na época quase ninguém viu, porque quase ninguém tinha TV, mas era o começo de uma nova era na comunicação, que daria na banheira do Gugu, no Datena e no Marcos Mion.

Jânio tinha toda uma agenda conservadora que agradava à UDN. Era muito católico, também odiava comunista, defendia a família e a moralidade.

REPÚBLICA

Esse candidato conservador contra a corrupção ganharia com 48% dos votos, contra 33% de Henrique Lott e 19% do terceiro candidato, Adhemar de Barros. (Não havia segundo turno.)

Era o fim do varguismo no poder. Mas não completamente.

Por incrível que pareça, na época o eleitor votava em separado para vice-presidente, então podia acontecer de ganhar alguém que não era da chapa do presidente.

Foi o que ocorreu. Foi eleito vice-presidente João Goulart, o Jango. Assim como Getúlio, Jango era de São Borja. Era muito amigo de Getúlio e havia sido seu ministro do Trabalho.

Ou seja, o presidente e o vice seriam pessoas com visões de mundo completamente diferentes. Tava tudo pronto para dar ruim.

Jânio assumiria o governo e agiria de forma muito estranha. Logo no começo, uma série de medidas moralistas e bestas: não podia mais biquíni na praia, só maiôs mais comportados, não podia mais corrida de cavalo em dias úteis, não podia mais lança-perfume em baile de carnaval.

Ele proibiu também as brigas de galo, em que botavam os bichos para brigar e as pessoas apostavam dinheiro. Em Minas Gerais, uma batida do governo apreendeu 54 galos, entre eles o Fidel Castro, grande campeão que havia sido importado de Cuba.

Aí o governo se viu sem ter o que fazer com aqueles galos. Eles acabaram virando merenda e comida para presidiários... Fidel Castro acabou sendo comido na cadeia. É a vida.

O Fidel Castro que daria problemas de verdade para Jânio Quadros, porém, seria outro.

Jânio achava que o Brasil não deveria se alinhar automaticamente com os Estados Unidos. Queria que o país vendesse produtos para a União Soviética, para a China e para Cuba. Não era uma questão ideológica, mas comercial, pragmática.

E como o feio bêbado com caspa resolveu fazer isso? Por algum motivo, ele achou que uma boa forma de se aproximar do bloco comunista era fazendo uma homenagem a ninguém menos que Che Guevara, o argentino líder da revolução cubana. Ele veio ao Brasil e recebeu uma "comenda", ou seja, uma condecoração do governo brasileiro.

Rapaz, a UDN e os militares ficaram mais loucos que o saci de patinete na descida. Esse Jânio era um comunista disfarçado e nos enganou. A direita, que dominava o Congresso, logo o abandonou.

Para ajudar, Jânio tinha herdado a confusão econômica causada por JK, com inflação elevadíssima. Era preciso conter os gastos públicos, o que o fazia perder apoio à esquerda, que de resto nunca tinha gostado dele.

Com apenas sete meses de governo, Jânio estava sozinho. Sem apoio quase que nenhum no Congresso, não ia conseguir fazer mais nada. Então o gênio teve uma ideia.

Ele mandaria uma carta de renúncia para o Congresso. Como o seu vice era João Goulart, um getulista simpático à União Soviética, os caras não iam querer passar o poder para ele, porque o Brasil poderia virar Cuba. Seriam obrigados a implorar para Jânio ficar. Isso lhe daria força ("quem é que está correndo atrás agora, hein?") e o reaproximaria da UDN.

Cara, sabe qual o risco de falar que quer terminar um relacionamento só para fazer a outra pessoa se desesperar e fazer tudo que você quer? Pois é, é ela responder "olha, então tá bom".

Foi o que aconteceu. O Congresso aceitou a renúncia.

Jânio ainda achou que o povo iria às ruas clamar para que ele ficasse — esse infeliz deve ter sido o feio com a maior autoestima da história. Óbvio que não rolou.

Jânio morreria só em 1992, quando se descobriu que tinha 66 imóveis e 20 milhões de dólares em contas no exterior. Até a conta da sua última internação, no Hospital Albert Einstein, foi estranhamente paga pela construtora Andrade Gutierrez... O cara da vassourinha era corrupto.

Bom, mas voltemos a 1961. O país estava, portanto, sem o presidente. Para ajudar, Jango, o vice, quando tudo isso aconteceu, estava em viagem na... China comunista! Ele foi recebido pessoalmente pelo ditador Mao Tsé-Tung. Meu Deus, o que a gente vai fazer quando esse Stalin gaúcho voltar?

Boa parte dos militares e dos congressistas simplesmente queria... impedi-lo de voltar — he-he. Deixa ele lá na China com o Mao.

Jango, ou João Goulart, para quem ainda não tomou intimidade, acabou voltando. Chegaram até a inventar a figura de um primeiro-ministro, o que reduziria o seu poder, mas isso foi derrubado em 1963 por um plebiscito.

Jango assumiu um governo quebrado. Teve que ir pedir dinheiro para o Fundo Monetário Internacional, o que para um cara de esquerda deve ter doído. E a inflação chegando a 70% ao ano...

A prioridade do presidente era fazer as chamadas "reformas de base".

Elas incluíam a reforma agrária, cujas desapropriações seriam pagas em títulos da dívida pública (ou seja, o sujeito receberia uma promessa futura de pagamento do governo), em vez de dinheiro à vista, que o governo não tinha, mas que era o que previa a Constituição.

No campo externo, Jango anunciou a retomada das relações diplomáticas com a União Soviética. Ele queria também estatizar empresas estrangeiras. Um dos casos mais rumorosos envolveu o apoio do governo federal à desapropriação realizada por Leonel Brizola, governador do Rio Grande do Sul, da companhia telefônica local, que pertencia à empresa americana International Telephone & Telegraph. Os americanos, como você pode imaginar, estavam adorando tudo isso.

Leonel Brizola era casado com a irmã do presidente João Goulart. Eram muito próximos, e Brizola influenciava muito o cunhado presidente.

Brizola era outro que tinha sido pobre. O pai havia morrido quando ele tinha um ano. A mãe sobrevivia criando umas vaquinhas e, como se dizia, "costurando para fora" onde hoje fica a cidade de Carazinho, no Rio Grande do Sul.

O menino Leonel foi para Porto Alegre aos 12 anos, onde lavou pratos, foi engraxate, ascensorista de elevador e jardineiro. Entrou no curso de engenharia da Universidade Federal do Rio Grande do Sul aos 23 anos, onde começou a se envolver com política.

Brizola e seu grupo enchiam o saco de Jango, pedindo toda hora mais agressividade e uma guinada maior à esquerda, querendo inclusive que ele declarasse o calote da dívida externa. Brizola era mais pentelho do que vendedor de Herbalife, insuportável.

O calote não rolou, mas, em 13 de março de 1964, Jango e Brizola fariam um grande comício na Central do Brasil, no Rio de Janeiro, para cerca de 150 mil pessoas.

Brizola defendeu que se "abandonasse a política de conciliação" e que se instalasse "uma Assembleia Constituinte com vistas à criação de um Congresso popular, composto de camponeses, operários, militares nacionalistas e homens autenticamente populares".

Esse evento foi televisionado. Aí você imagina novamente o sujeito rico no conforto do seu lar, bebendo seu uisquezinho (não ia ser aquela vodca Natasha que você compra no Atacadão, né, amado leitor de classes desprovidas...), saboreando seus canapés, vendo o sujeito falar em constituinte de camponeses e operários. Já deu aquele mal-estar — porque rico tem mal-estar, quem tem treco é pobre.

Mas calma. Isso era só um governador do Rio Grande do Sul, afinal, e isso nem é Brasil direito. Não criemos pânico.

Mas aí o Jango subiu ao palco e também defendeu uma nova Constituição...

Falou que "reforma agrária feita com pagamento prévio do latifúndio improdutivo, à vista e em dinheiro, não é reforma agrária" — ou seja, que o governo ia forçar aquela ideia de desapropriar e pagar a longo prazo.

Afirmou que todas as refinarias particulares seriam estatizadas. Disse que a alta nos preços da comida se devia à ganância dos empresários. Falou que o governo ia controlar os preços dos aluguéis e criticou os donos de imóveis. Defendeu o voto dos analfabetos — era preciso saber ler para votar, até porque o cara tinha que entender o nome do candidato na cédula, não tinha numerozinho.

Na plateia, bandeiras vermelhas pediam a legalização do Partido Comunista. O próprio Jango falou em "assegurar a representação de todas as correntes políticas" nas eleições. Não era do Carlos Lacerda que ele estava falando...

Nessa hora, o cara lá do uísque quase caiu do sofá. (Sofá de rico, claro, coisa fina, não aquela coisa horrível com uma mantinha por cima que pobre adora, como se o sofá fosse pegar gripe.) "Meu Deus, estão vindo os comunistas", pensou ele. De novo.

A história do Brasil no século 20 se dá por duas grandes repetições: sempre vai ter medo de comunista e o Sarney nunca vai estar na oposição. Aliás, o medo do comunismo acabou antes do Sarney.

É engraçado que, no caso de 1964, as "vozes vermelhas" tenham sido dos herdeiros políticos de Getúlio Vargas. Porque Getúlio não só não era comunista como os perseguiu. Acreditava em direitos trabalhistas, mas sempre dentro do regime capitalista.

Jango, apesar dos pesares, também era um conciliador, nunca foi de defender revolução armada. Era até meio preguiçoso. Falando em Orkut, você se lembra daquela comunidade que dizia algo como "Apoio a revolução, mas vou acompanhar aqui da banheira de espuma"? Jango era meio assim.

(Embora a melhor comunidade do Orkut fosse "Bebo e viro Amaury Jr.": para você que, quando bebe, sai socializando com todo mundo, nem sempre ricos, nem sempre famosos...)

Mas voltemos aos nossos comunistas fake. Veja o próprio Brizola, que era o mais radical de todos. Em 1958, ele defendeu o legado de Getúlio nestes termos: "O comunismo é a abolição da propriedade, o trabalhismo defende a propriedade dentro de um fim social; o comunismo escraviza o homem ao Estado, o trabalhismo é a dignificação do trabalho."

Como governador, diga-se, a ação mais digna de nota de Brizola foi o revolucionário ato violento de... construir escolas.

Por que esses caras guinaram para a esquerda desse jeito em 1964? Eles sabiam que seus discursos seriam lidos como provocação comunista. Eram tempos de Guerra Fria, afinal. E mesmo assim eles foram lá e fizeram. Aliás, eles deliberadamente se aproximaram do clandestino Partido Comunista Brasileiro. O mais provável é que talvez tenham achado que radicalizar à esquerda era a única chance que o governo de Jango tinha, atraindo uns sindicatos da vida, uma vez que a direita nunca iria apoiá-lo.

De qualquer forma, veja que até nossos comunistas são meia bomba. Você encomenda um Che Guevara e o Brasil te entrega o Aldo Rebelo.

A classe média urbana, porém, não achou que os caras eram reformistas se fazendo de comunistas para a festa à fantasia, com quem não era necessário se preocupar. Acuada, ela reagiu.

Preparou-se a Marcha da Família com Deus pela Liberdade.

Não é bem que se pudesse garantir a presença de Deus, e quem confirmou participação só porque viu que ele estaria no line-up pode ter se decepcionado um pouco.

Em São Paulo, mais de 300 mil pessoas marcharam contra o comunismo e contra Jango. O protesto contou com amplo apoio dos industriais paulistas e da Igreja. Chamaram um publicitário, que criou estes slogans brilhantes para os cartazes: "vermelho bom, só o batom", "um, dois, três, Jango no xadrez" e "verde e amarelo, sem foice nem martelo". (Publicitário é aquele ser que chega em uma reunião, sugere frases de efeito profundas como "sou o Dollynho, seu amiguinho" enquanto apresenta uns slides constrangedores e sai de lá achando que é o Michelangelo do Power Point. Lamentável.)

Em 31 de março de 1964, após essa palhaçadinha toda dos dois lados, o general Olímpio Mourão Filho, aquele mesmo que no governo Getúlio Vargas havia inventado um plano comunista falso, lembra-se dele?, pegou as suas tropas, que ficavam em Juiz de Fora, e desceu com elas para ocupar a cidade do Rio de Janeiro.

Antes de sair de casa, porém, pegou o telefone e ligou para outros comandantes militares, dizendo que suas tropas estavam saindo. "Eu estava de pijama. Posso dizer com orgulho de originalidade: creio ter sido o único homem no mundo que desencadeou uma revolução de pijama", ele escreveu no seu diário, todo orgulhoso, e não é piada.

O cara conseguiu a proeza de instaurar duas ditaduras: a primeira inventando um plano comunista absurdo e falso, a segunda fazendo ligações de pijama. Fala sério, e você não consegue nem achar o carro no estacionamento do shopping na saída do cinema.

Os outros comandantes militares ficaram surpresos. Eles bem que estavam planejando dar um golpe, mas só dali a uns dias, e esse cara sai fazendo isso sem avisar nada para ninguém?

O marechal Castello Branco deu uma bronca nele, dizendo que aquilo era uma irresponsabilidade — ou se fazia a coisa com sincronia, ou não se fazia. Havia um risco político enorme em sair com as tropas assim, na porra-louca. A resposta de Mourão Filho, meio que se desculpando por ter se precipitado: "Em matéria de política, não entendo nada, sou uma vaca fardada."

Por mais fofinho que possa ser imaginar uma vaquinha daquelas holandesas, toda cheia de manchinhas pretas, vestida de general e fazendo "mu", é meio assustador pensar no tipo de gente que acabou sendo decisiva nos rumos deste país até aqui.

Isso que você não viu os métodos educativos do papai Mourão. A sua filha contou muitos anos depois que ele desenhava genitais num quadro-negro e falava para ela sobre sexo, explicando como evitar engravidar.

Em entrevista à revista *Piauí* em 2009, aos 82 anos, Laurita Mourão contou vários dos seus casos sexuais, inclusive no período em que esteve fora do país. "Paris, anos 1960, uma mulher livre como eu, de 40 e poucos anos, corpo bem-feito ainda, onde você acha que os rapazotes interessantes iam parar? Na minha cama, pô!" Após falar para a reportagem que só não fazia "mais sexo por falta de mão de obra", ela afirmou que seu pai "era muito liberal, ele foi muito mal interpretado".

Bom, enquanto não estava desenhando genitais para a filha, Mourão estava em 1964 tentando o golpe (de novo). Felizmente para ele, logo outras tropas se juntaram.

Respira fundo e olha o tamanho da bagunça:

No Rio de Janeiro, o marechal Castello Branco vai ao Forte de Copacabana e é recebido com empolgação. Alguém ordena uma salva de 24 tiros de canhão em sua homenagem, mas o barulho faz o pânico se espalhar pela zona sul do Rio. Ao quinto disparo, decidem que é melhor parar com aquilo.

A embaixada da União Soviética queima documentos, com medo de ser invadida. Uma fumaceira só, parecia show da Tribo de Jah.

Jango se refugia no Rio Grande do Sul, onde ainda tinha tropas leais. Encontra-se com Brizola e, após perceber que o golpe era grave, começa a chorar. No Rio de Janeiro, Carlos Lacerda também chora, mas de alegria, dando uma entrevista à TV por telefone:

"Obrigado, meu Deus, muito obrigado." Olha, tudo bem chorar quando a filha casa, quando alguém querido morre, quando vê gente na fila do quilo misturando macarrão e feijão... Mas quando o general Mourão dá um golpe de pijama?!

Em Brasília, enquanto isso, corre o boato de que Jango teria fugido para o Uruguai. Os congressistas o acusam de ter abandonado o governo.

Alguém avisa a Jango que tropas revolucionárias de Curitiba estão indo em direção a Porto Alegre para prendê-lo. Jango então foge, agora sim, para o Uruguai, onde pediria asilo político.

O governo caiu sem que se disparasse um tiro. Jango caiu com a velocidade de um Neymar sob marcação belga.

Uma junta militar tomou o poder. Os caras se chamavam de Comando Supremo da Revolução. Eram três, um general do Exército, um brigadeiro da Aeronáutica e um almirante da Marinha. Eles suspenderam a Constituição e decidiram que o novo presidente seria escolhido pelo Congresso em eleições indiretas.

A malandragem: essa junta militar se deu o poder de cassar os direitos políticos de 102 pessoas, inclusive o próprio Jango e 41 deputados federais.

De modo que, quando o Congresso foi eleger o novo presidente, só votou quem estava alinhado com os militares. Assim, foi eleito presidente o general Humberto Castello Branco, que havia sido o destaque militar durante o golpe — falando assim, parece prêmio de melhor jogador em campo, "Prêmio Espingardão de Ouro — Golpe 64". Mas assim é que foi.

A ideia era fazer uma intervenção militar breve, coisa de meses, inclusive mantendo as eleições que estavam marcadas para o ano seguinte, 1965. Mas o pessoal fardado acabou perdendo um pouco a hora, sabe como é, e ficou... 21 anos, tempo suficiente para você assistir *Boyhood* duas vezes.

O trouxa do JK, que em 1964 era senador, inclusive votou no Castello, achando que os militares iam colocar ordem na casa, deixando tudo pronto para ele ganhar. Já tinha até slogan: JK-65. Puta criatividade!

Para aprender a deixar de ser otário, os militares acabaram cassando seus direitos políticos, e o JK se ferrou. Mas chegaremos a essa parte.

CEBOLINHA E O CUBISMO

O fato é que, quando os militares de 1964 chegaram ao poder, olharam uns para os outros e se perguntaram: o que é que a gente faz com isso agora? É mais ou menos que nem a torcida do Fluminense quando o time ganha um título. "Rapaz, nessa parte a gente nunca chegou."

O marechal Castello Branco era um moderado cearense. Tinha 63 anos e 1,64 metro. Jango e companhia conseguiram a proeza de perder o poder para um senhorzinho que bateria no queixo da Marcela Temer (1,72 metro).

Além disso, ele quase não tinha pescoço, o que ele próprio admitiu quando disse que "a vantagem de não ter pescoço é a impossibilidade de ser guilhotinado", para você ver que tipo de ideia se passava naquela cabecinha.

Todo mundo confiava no Castello, dentro e fora dos quartéis, o que explica o fato de ele ter sido apoiado até por gente que nem o JK. Era um veterano da Segunda Guerra, educado, tom de voz ameno, sabia usar os talheres — o que, no Exército, convenhamos, é suficiente para te transformar quase no príncipe de Mônaco.

O Exército se dividiria durante toda a ditadura em dois grupos.

O primeiro era o dos moderados, também conhecidos como castelistas, "linha branda" ou "grupo da Sorbonne", por causa das suas inspirações francesas — não porque Castello achasse a fotografia de *O fabuloso destino de Amélie Poulain* linda de morrer, mas porque a Escola Superior de Guerra, onde havia vários desses moderados, seguia a tradição militar francesa.

Esses caras eram contra a radicalização do regime. A maioria era democrata, na verdade. Só não gostavam do Jango mesmo. No Jango, no problem.

E tinha o grupo dos "linhas-duras", que queriam mesmo era acabar com essa palhaçada de Congresso, bater em comunista vagabundo e assistir a *Rambo*.

Pressionado pela linha dura, Castello acabou, porém, tomando medidas como suspender as eleições de 1965 e promover novas cassações de direitos políticos, inclusive de JK.

O presidente tinha o receio de que, se não sinalizasse para os militares mais radicais que estava sendo em alguma medida rigoroso, as Forças Armadas poderiam acabar se dividindo, o que seria muito ruim para o país. O problema é que, com tantas concessões, acabou justamente fortalecendo esses militares mais violentos e radicais.

O próximo presidente seria o general Costa e Silva (linha dura), que assumiria em 1967, e depois o general Emílio Médici (também). Só depois o regime voltaria às mãos dos mais moderados, com os generais Ernesto Geisel e João Figueiredo. "Criar uma ditadura é fácil, difícil é acabar com ela", diria anos depois Castello Branco, meio constrangido.

Quando Costa e Silva assumiu, o mais engraçado de tudo foi o caso do Carlos Lacerda, nosso reacionário favorito (depois, claro, do general Olímpio "trepa mesmo, minha filha" Mourão).

Você vai lembrar que Lacerda até chorou emocionado quando os militares deram o golpe. Não cabia em si. Assim como JK, ele iria concorrer nas eleições de 1965. Tinha certeza de que ia ganhar.

Aliás, estava todo mundo esperando por essa eleição. Eram quatro pré-candidatos. JK seria o candidato da centro-esquerda. Lacerda seria o da direita. Além deles, Leonel Brizola seria o candidato da esquerda bem esquerda. Também estava no páreo ninguém menos que Jânio Quadros, aquele desgraçado que tinha renunciado e causado essa confusão toda, que não era de esquerda nem de direita, só da cachaça.

Todo mundo se frustrou quando Castello cancelou as eleições. Lacerda, Juscelino e João Goulart se uniram — olha que trio improvável, é tipo juntar o dom Odilo Scherer, a Bruna Surfistinha e o Paulo Coelho numa "frente ampla" — para protestar.

O Jango já tinha perdido os direitos políticos. JK também. Em 1968, achando que esse negócio de reclamar estava muito fora de moda, Costa e Silva foi lá e, meu... o velho tirou os direitos políticos do Carlos Lacerda! Do Carlos Lacerda! O cara que já apoiava o golpe de 1964 desde 1950! Ha-ha, karma is a bitch.

Pior: mandou prender o Lacerda. Pren-de-ram o Car-los La-cer-da! O Getúlio que era o Getúlio não prendeu o Lacerda. Aí o Costa, o Costinha, o nosso Costa e Silva, o "tu é mais que irmão, tu é brother" Costa e Silva vai lá e põe o cara na cadeia. Ai ai, valeu a ditadura. (Não valeu, claro.)

Aí o Lacerda chegou para ser preso, foi colocado na cela e quem estava lá? Um comunista chamado Mário Lago com quem ele não falava fazia trinta anos, desde que ele próprio era comunista... E o carão? "Nossa, Mário, poxa, que surpresa, você por aqui, que coisa esse mundinho pequeno..."

(Lago, além de imensa carreira como dramaturgo, foi o cara que compôs aquele sambinha "Amélia não tinha a menor vaidade, Amélia que era mulher de verdade". Agora eu lhe pergunto: que risco oferece a um regime militar um perigoso comunista que, em vez de sair gritando por "todo o poder ao proletariado" ou ameaçando "morte à burguesia", tem a dizer apenas que "ai, meu Deus, que saudade da Amélia"?)

Bom, acabou aí a carreira política do Carlos Lacerda, esse elemento duvidoso que nos acompanhou por tantos capítulos. Morreria em 1977. Tchau, Lacerdinha.

Foi também em 1968 que a sociedade começou a questionar mais intensamente os rumos que a coisa estava tomando.

Olha a cagada: existia no Rio um restaurante estudantil chamado Calabouço, que os militares haviam fechado para reformar. Pelo nome, você imagina a qualidade do ambiente (e da comida...), que alimentava todo tipo de jovem estudante que não tivesse onde cair morto.

O problema é que a tal da reforma não acabava nunca, e os estudantes começaram a protestar indo a restaurantes chiques no Rio de Janeiro, comendo o que havia de melhor e saindo correndo sem pagar. (Se é para fugir dando calote, vamos aproveitar e pedir um vinho bom, certo?)

Quando a situação foi resolvida, anunciou-se que o preço da refeição no Calabouço subiria. Os estudantes, novamente revoltados, organizaram um protesto, que a polícia reprimiu fortemente.

Os estudantes fugiram para dentro do próprio restaurante, que a polícia invadiu. Nessa operação, acabou levando um tiro e morrendo o estudante Edson Luís de Lima Souto, de 18 anos.

Os colegas não deixaram que o corpo de Edson fosse levado pela polícia, e numa cena heroica porém meio macabra o levaram até a Assembleia Legislativa do Rio de Janeiro, onde foi velado.

O fato comoveu o país. Novos protestos pipocaram, e agora a questão não era mais o preço do rango no Calabouço. Os cartazes diziam "os velhos no poder, os jovens no caixão". Houve a chamada Passeata dos Cem Mil, no Rio de Janeiro, com o mote "abaixo a ditadura".

No mesmo dia, a Vanguarda Popular Revolucionária, que queria estabelecer o socialismo no país, jogou uma camionete carregada de dinamite contra o portão de um quartel do

Exército em São Paulo, matando Mário Kozel Filho, um soldado também de 18 anos.

A situação ficou ruim mesmo, porém, foi em setembro de 1968.

O problema foi um discurso na tribuna da Câmara Federal do deputado Márcio Moreira Alves, que era jornalista — você nunca ouviu falar da grande crise política e institucional causada pelo provocativo discurso de um contador...

Márcio foi lá, falou que os militares estavam transformando o Brasil numa ditadura. Disse que o desfile de 7 de setembro seria uma homenagem a "carrascos que espancam e metralham nossos filhos nas ruas". Disse que o Exército era um "valhacouto de torturadores". Sugeriu, então, uma forma de resistência. Qual seria?

a) Peguemos em armas.
b) Greve geral.
c) Corrente de oração.
d) Ninguém mais transa com militar.

Pois é. Cabeça de jornalista... Disse ele: "Esse boicote pode passar também às moças. Aquelas que dançam com cadetes e namoram jovens oficiais. Seria preciso que recusassem a entrada à porta de sua casa àqueles que vilipendiam-nas. Recusassem aceitar aqueles que silenciam e, portanto, se acumpliciam."

"Recusassem a entrada à porta de sua casa"... Bom, não era bem a entrada na porta de casa que ele estava, no fundo, querendo dizer, mas acho que ficou bem claro para todo mundo, né?

Ninguém deu muita bola para o discurso de Márcio. Não saiu nos principais jornais, quase ninguém comentou. Mas alguém avisou os militares sobre o conteúdo inusitado da fala do deputado.

Assim que voltaram do dicionário onde foram ver que raios afinal era um "valhacouto", os militares ficaram ofendidíssimos. O governo pediu a cassação do mandato de Márcio. Explodir caminhão na porta do quartel a gente até tolera... Mas boicote sexual?!

O problema é que, pela legislação vigente, uma vez que o sujeito fosse empossado deputado, ele só poderia ter seu mandato cassado com autorização do plenário da Câmara — ou seja, dos outros deputados.

O caso foi a votação. A cassação foi rejeitada, por 216 votos contra 141. Aí sim o discurso ganhou repercussão. Algo que ninguém tinha ouvido virou o assunto nacional. A derrota foi meio humilhante para os militares.

A resposta de Costa e Silva, o presidente general da rodada, foi o chamado Ato Institucional Número Cinco, o AI-5, que marca a radicalização da ditadura. Ele permitia ao governo fechar o Congresso Nacional, que foi o que Costa e Silva fez no mesmo dia.

Os militares eram meio patéticos. Se você tem poder suficiente para emitir por conta própria um documento que se sobrepõe à Constituição e te permite fazer o que quiser, por que você simplesmente não vai lá e faz, sem se preocupar em ficar formalizando por escrito?

O AI-5 também estabelecia a censura prévia da imprensa, músicas e filmes (depois os livros também entrariam na lista), o que os militares fariam amplamente ao longo da ditadura. Castello não gostava disso. Escreveu: "Apreensão de livros. Nunca se fez isso no Brasil. Só de alguns (alguns!) livros imorais. É mesmo um terror cultural." Mas agora quem estava com a caneta na mão era a linha dura.

Os censores eram meio idiotas. "Nossa sorte foi que eles eram muito ignorantes", disse o humorista Ary Toledo, que foi levado para a delegacia por fazer esta piada, num espetáculo teatral, com a cassação de Márcio Moreira Alves após o AI-5: "Quem não tem gato, caça com ato." Segundo ele, os censores uma vez apareceram perguntando o endereço desse tal Sófocles, que era o autor de uma peça que seria apresentada — só se fossem buscar o cara na Grécia Antiga...

O poeta Ferreira Gullar conta que os militares implicaram com o livro *Do Cubismo à arte neoconcreta* porque... bom, porque a Cuba comunista era um mau exemplo.

Tem que treinar muito para ser ignorante assim, não é algo que surja naturalmente.

Por um lado, essas mulas deixavam passar coisas como "Apesar de você":

> Hoje você é quem manda
> Falou, tá falado
> Não tem discussão
> A minha gente hoje anda
> Falando de lado
> E olhando pro chão, viu
> Você que inventou esse estado
> E inventou de inventar
> Toda a escuridão

O censor foi perguntar para o Chico Buarque o que significava a letra, o cantor respondeu que era sobre "uma mulher muito mandona" que ele tinha conhecido... O sujeito acreditou que a música era só sobre uma desilusão amorosa.

Por outro lado, os militares censuraram — te juro, está registrado — a bunda de fora do Cebolinha em um gibi em que ele aparecia tomando banho, por questões de moralidade. Este é o único país do mundo em que o rabo do Cebolinha acabou vítima de uma ditadura.

Ainda nesse universo anal ditatorial (ditatorianal?), os censores não perceberam que a capa de um disco do Tom Zé chamado *Todos os olhos* simulava uma bolinha de gude sobre um ânus — cara, "Todos os olhos". Esse era o verdadeiro Cubismo...

Foi como comentou Carlos Heitor Cony: "A gente contava com dois fatores, um a favor e outro contra. A favor era o seguinte: os censores eram muito burros, então não percebiam certas nuances. Por sua vez, por serem muito burros, muitas vezes cismavam com coisas que não tinham nada de mais."

Alguns jornais foram muito censurados — o caso mais conhecido é o do *Estadão*, que tinha censores dentro da própria redação, dizendo o que podia e o que não podia ser publicado. Quando alguma matéria era vetada, o *Estadão* a substituía por poemas, o que era uma forma de mostrar para os leitores o que estava acontecendo. (Em geral, Camões, porque os caras tinham certa classe. Mas obviamente de uns trechos como "qual Austro fero ou Bóreas na espessura/ de silvestre arvoredo abastecida,/ rompendo os ramos vão da mata escura" ninguém entendeu porra nenhuma. Se fosse letra de sertanejo, por outro lado, perigava a gente até cantar junto...)

Além da censura, o AI-5 também previa a suspensão do *habeas corpus* nos crimes políticos — ou seja, o Judiciário ficava impedido de soltar gente que tivesse sido presa por se opor ao regime.

O AI-5 foi revogado dez anos depois, em 1978. Esse período de 1968 a 1978 foi o mais autoritário da ditadura.

Foi uma época delicada não só no Brasil. O mundo inteiro estava agitado em 1968. Como escreveu Elio Gaspari, "vinte e sete anos depois do aparecimento da penicilina injetável e oito depois da comercialização da pílula anticoncepcional, o orgasmo dissociara-se do medo e do compromisso". Ou seja, sem sífilis nem bebê, duas coisas que poderiam ser fatais, estava liberado transar. "Eu sou do tempo em que sexo era feito à mão", disse Millôr Fernandes sobre como a vida era difícil antes dessa libertação.

O rock ganhava força. Os anos 1960 foram a época da contracultura: dos hippies, dos Beatles, de contestação ao estilo de vida conservador dos pais, de certo baseadinho fedido. Pois é, houve um tempo em que fumar maconha ao som de uma transgressora letra que diz "I wanna hold your hand" era um ato de rebeldia.

O Brasil abraçou a contracultura, mas com algum receio, porque parte dos artistas achava que o rock tinha algo de imperialismo americano.

Em 1967, aconteceu um dos episódios mais ridículos, maravilhosos e inacreditáveis da história da música brasileira. Ditadura, militares no poder, a coisa já meio complicada, e nossos músicos se juntaram para fazer a espetacular... Marcha Contra a Guitarra Elétrica.

Sim. Foi em São Paulo e teve umas quatrocentas pessoas. Estavam lá Elis Regina, Jair Rodrigues e Gilberto Gil — Caetano Veloso e Nara Leão foram contra. Ser de esquerda era ser contra a guitarra elétrica, esta mensageira do capitalismo, que era uma novidade. As pessoas gritavam abaixo a guitarra, queremos a guitarra fora do Brasil, uma raiva inexplicável. Imagina você lá todo na boa-fé convidando o Jair Rodrigues para jogar Guitar Hero e ele dizendo bravo que só vai se for Afoxé Hero.

Com os anos, as pessoas se tocaram do ridículo de culpar um instrumento por qualquer coisa (um segredo: as guitarras não costumam ter preferências políticas). Felizmente, depois quase todo mundo acabou adotando a guitarra.

Já com (bastante) guitarra, Os Mutantes lançariam seu primeiro álbum em 1968, com músicas como "Panis et circenses" (de Caetano e Gil) e "A minha menina" (de Jorge Ben). Era um som inovador, meio psicodélico, que ficaria conhecido como tropicalismo, uma das coisas mais legais que a gente já fez no campo musical neste país, depois apenas de "Milla, mil e uma noites de amor com você", que é insuperável.

O Brasil teve até uma versão (pobrinha, claro) do festival de Woodstock, que também reuniu uma profusão de maconheiros fofinhos cheios de amor para dar.

Foi o Festival de Águas Claras, em Iacanga, cidade que fica no interior de São Paulo. Foram quatro edições, a primeira em 1975, da qual os próprios Mutantes participaram. Outras edições tiveram Gilberto Gil, Alceu Valença, Moraes Moreira, Raul Seixas e, vai entender, o Fagner. Teve também Sá e Guarabyra e A Cor do Som — se você não conhece, vá conhecer. A fumeta foi tal que depois ninguém deve ter lembrado de nada, mas convenhamos que deve ter sido legal.

A *Folha de S.Paulo* fez, em 2011, uma ótima matéria sobre esse evento, mostrando o paradeiro de alguns dos participantes. O texto tinha vários relatos de quem esteve lá. "Só tinha maluco. A gente usava muita maconha e chá de cogumelo, dormia com desconhecidos, ninguém era de ninguém", disse um ex-hippie que se tornou médico, pai de dois filhos e que hoje nem sequer bebe mais.

Olha a epopeia iacanguense deste outro maluco, que hoje virou um correto engenheiro pai de família:

> Quando cheguei, roubaram minha barraca e minhas coisas. Fiquei só com a roupa do corpo. No primeiro dia, dormi na barraca de uma estranha. No segundo, na lama embaixo de um caminhão atolado. No terceiro, conheci uma garota chamada Estelita que me convidou para a sua nave espacial. Ela era doida, dizia que tinha vindo da constelação de Órion. Quando chegamos na barraca dela, descobri que estava cheia de outras pessoas de Órion... Sem espaço, dormi com o pé pra fora da barraca, e aí levaram meu All Star. No último dia, fui salvo por um casal de canadenses. Eu não sei o que eles me deram, mas acordei no dia seguinte pelado do lado da mulher. Pensei: canalha, os caras te abrigam, dão comida, e você ainda come a esposa do cara?

Quantas vezes você, leitor, foi da lama a Órion à esposa de um canadense? Este é um mundo cheio de possibilidades.

Enquanto o pessoal se encontrava com a turma de Órion em Iacanga, o resto do país não tinha nada de amor livre, infelizmente. O autoritarismo avançava — e gente morreria nos porões da ditadura.

QUEM SOFRE É A MÃE

Em outubro de 1968, a União Nacional do Estudantes, a UNE, decidiu realizar um congresso clandestino e supostamente secreto num sítio em Ibiúna, cidadezinha a 70 quilômetros de São Paulo. A UNE estava banida desde 1964.

Era para ninguém dar pinta, mas como você esconde mil estudantes?

Alguma mente privilegiada da organização foi à cidade e encomendou de uma única vez, em valores de 2018, o equivalente a 1.500 reais em pãezinhos na padaria... "Ou este filho da puta gosta muito de pão, ou tem coisa estranha aí", pensou o padeiro. Coisas parecidas aconteceram no mercado, no açougue. A maioria dos estudantes era de humanas, tinha cara de revolucionário — os comerciantes não iam achar que aquele pessoal estava ali para um congresso de Excel avançado. A polícia acabou sabendo. Gênios da camuflagem.

A polícia baixou na fazenda e levou todos os mil estudantes presos, em diversos ônibus. Entre os presos, estavam os líderes estudantis José Dirceu e Vladimir Palmeira.

Muitos anos depois, um repórter da TV Bandeirantes perguntou para o José Dirceu se tinha muita menina no congresso de Ibiúna. "Tinha", respondeu Dirceu. "E o senhor fazia sucesso com elas, não?", rebate o entrevistador. "Ah, o pessoal diz, né." Autoestima é tudo.

Bom, o pegador José Dirceu foi em cana, assim como o seu colega com nome de ator de novela das sete, o Vladimir Palmeira. (Depois os dois seriam deputados pelo PT, e muito depois o José Dirceu seria preso por corrupção.)

Aí aparece na história outro futuro petista, o jornalista Franklin Martins, também militante de organizações clandestinas e revolucionárias de esquerda.

Um belo dia o Franklin estava lá na casa dele, no Rio, remoendo as mágoas, porque revolucionário comunista que é revolucionário comunista chama-se Vladimir e não... Franklin, não é mesmo? Franklin pensava numa forma de libertar justamente o Vladimir Palmeira. Seu plano, muito criativo, era... bom, era invadir a cadeia e tirar o cara de lá à força. Super ia dar certo.

Franklin descobriu casualmente, porém, que o embaixador americano, que na época morava no Rio, fazia todo dia o mesmo caminho até o trabalho. Neurônio vai, neurônio vem, ele pensou: seria bem mais fácil sequestrar o embaixador na rua e pedir a libertação do Vladimir em troca da sua vida do que invadir uma cadeia, certo?

Além disso, era um jeito criativo de fazer o impossível acontecer: o governo americano ficaria do lado dos jovens comunistas, uma vez que ia querer que o governo brasileiro fizesse tudo que fosse possível para salvar o seu embaixador. E os militares não iam querer peitar justamente os Estados Unidos...

Por fim, já que iríamos pedir o Vladimir, dá para botar mais gente nessa lista, inclusive o próprio José Dirceu, e soltar mais uns companheiros.

No dia 4 de setembro de 1969, treze militantes ou terroristas, chame-os conforme suas preferências ideológicas, ficaram de tocaia desde manhã cedo em uma rua de Botafogo, no Rio, para pegar o embaixador Charles Burke Elbrick. Tiveram de esperar: como bom diplomata, o bonitão só saiu para trabalhar às 15 horas. Você sabe: às vezes a gente acorda tarde, almoça, e aí já acaba emendando a naninha pós-almoço...

Os sequestradores, que estavam espalhados por vários carros e a pé na calçada, chegaram a ter que se revezar para sair para comer, porque foi dando a hora do almoço. Não vai sequestrar o embaixador com fome...

Às 14h20, todo mundo já alimentado, passa pela rua um carro com uma placa diplomática, de cor diferente. Os sequestradores começam a se mexer até alguém perceber que não era o modelo de veículo que eles estavam esperando. Quase pegaram o embaixador de Portugal sem querer.

Pouco depois disso, o Cadillac preto do embaixador americano finalmente aparece. Na rua Marques, um Fusca azul para na frente do carro; outro Fusca, este vermelho, para atrás.

Armados, os sequestradores cercam e invadem o veículo. Dois entram atrás, com o embaixador no meio. Outros dois entram na frente, também um de cada lado, colocando o motorista entre eles — o Cadillac era um carro grande, com um bancão dianteiro espaçoso, não é que o motorista tenha sido obrigado a sentar sobre o freio de mão, ó zeloso leitor, sempre preocupado com o bem-estar humano.

O carro roda por mais algumas quadras. O tal do Cadillac da embaixada, um puta de um carro na época, era automático. O rapaz que ficou responsável pelo volante não estava acostumado com isso. Na primeira esquina, ele foi trocar de marcha e, adivinha, quis pisar na embreagem, mas carro automático não tem embreagem, então o bonitão meteu o pé com tudo no freio.

Puta que o pariu, quase matou o embaixador e todo mundo do coração, o carro parou com tanta força que ficou até chacoalhando. Alguém no fundo se assustou achando que tinha visto alguma polícia: "Porra, o que foi?" "Nada, nada, só me confundi com o pedal." A revolução tem obstáculos que a gente nem imagina.

Esse foi o maior susto que os nossos amigos sequestradores passaram no caminho. Na rua Vitório da Costa, o embaixador é passado para uma Kombi, na qual é levado até uma casa na rua Barão de Petrópolis, no Rio Comprido, não muito longe dali. O motorista é largado para trás, junto com o Cadillac e seu maldito freio. Deixaram com ele uma carta em que os sequestradores diziam que, em troca da vida do embaixador, queriam a libertação de quinze presos políticos definidos por eles.

Ainda na Kombi, o embaixador acha que vai ser morto e entra em combate físico com um dos sequestradores. Ele leva uma pancada na testa, começa a sangrar e sossega. Chegando ao cativeiro, é colocado em um quarto, onde ficaria quatro dias.

Os militares cederam. Botaram os quinze presos listados num avião da Aeronáutica, que foi despachado para o México, onde eles desembarcariam em liberdade na simbólica data de 7 de setembro de 1969.

O jornalista Flávio Tavares, que foi um dos libertados, conta que um major que o havia torturado chegou na porta da sua cela, metralhadora na mão, e falou para ele se arrumar em três minutos, que seria levado embora do país. Tavares disse: "Mas não posso nem ver a minha mãe antes?" O major respondeu: "Ver a mãe o quê... Quando vocês se metem nisso, não pensam na mãe."

Uma vez que se confirmou que os ex-presos haviam de fato sido libertados, os sequestradores tinham outro problema. "Agora o pepino era o seguinte: como é que a gente sai daqui e volta para casa?", disse Franklin Martins em 2006 para o documentário *Hércules 56*, que conta essa história e cujo nome remete ao avião que levou os presos para o México.

A dificuldade é que a casa onde eles mantinham o embaixador estava sendo vigiada por uma viatura dos militares. Eles não tinham certeza de que o sequestrado estava ali — estima-se que mais de cem casas suspeitas estivessem sendo observadas no grande esforço policial para achar o sequestrado, então aquela era só mais uma.

Os sequestradores cataram o embaixador, colocaram-no dentro de um Fusca e pisaram fundo. Um segundo Fusca levou o resto dos sequestradores, também numa pauleira. Os militares na viatura perceberam o que estava acontecendo, reconheceram o embaixador e saíram correndo atrás dos dois carros. Os guerrilheiros tinham ainda um terceiro Fusca, cujos ocupantes viram o que estava acontecendo e saíram atrás da Rural Willys dos militares. Onde é que esses infelizes arranjavam tanto Fusca ainda é uma questão em aberto para a historiografia.

Começa uma perseguição desgraçada. Os caras desse último Fusca resolvem agir.

Conta Franklin: "Nós estávamos atrás. O Benê [um dos sequestradores] vira para mim e diz assim: 'Vamos dar combate. Vamos ultrapassar. Você joga uma bomba e eu vou dar uma rajada de metralhadora.' Eu olhei e pensei: 'Isso não vai dar certo. Isso não tem a menor possibilidade de dar certo.' Mas eu também não ia ficar discutindo. Seja o que Deus quiser."

Para a sorte deles, os militares não eram exatamente da força secreta israelense, mas sim uns coitados de uns recrutas da Marinha que até alguns minutos antes estavam de plantão, entediados, vigiando o que era só mais uma casa suspeita.

Eles viram os caras com metralhadora se aproximando pelo retrovisor, pensaram "puta merda, que porra é essa" e, muito corajosamente... fugiram. Os caras da Marinha, da Marinha!, fugiram de três estudantes loucos num Fusca. Estas são as nossas Forças Armadas. Estamos muito preparados para a guerra: uma esquerda que não sabe usar carro automático e uma direita que tem medo de Fusca.

Os sequestradores, agora mais tranquilos, largaram o embaixador na rua, e o sujeito, sem nem saber direito onde estava, pegou um táxi para casa, como se tivesse acabado de sair do cinema.

Franklin Martins conta que eles ficaram próximos do embaixador, inclusive criando "admiração". Ele era um progressista, diz, "contra a Guerra do Vietnã e tudo isso, tinha uma visão democrática".

"Ele estava há pouco tempo no Brasil e não tinha muita noção da gravidade da situação. Os relatos de tortura deixaram ele muito chocado. Acabou se estabelecendo uma relação muito respeitosa."

Anos depois, o embaixador também elogiaria os sequestradores: "Eles eram inteligentes. Fanáticos, mas inteligentes. A comida não era a melhor, mas eles se desculparam."

Que fofura. É um pouco que nem motel que serve sushi: a comida não é aquelas coisas — você nunca ouviu falar do premiado sushiman que se estabeleceu no Aphrodit's Motel —, mas o importante é que se tiver carinho e intimidade tudo fica perdoado, não é mesmo? (E, convenhamos, coisa boa comer um cru no motel.)

Até hoje Franklin Martins e Fernando Gabeira, que também participou da ação, além de outros militantes, estão proibidos de entrar nos Estados Unidos — não por causa da comida ruim, claro, mas porque cometeram um crime imperdoável contra o representante daquele país.

Os militares reagiriam ao sequestro aumentando ainda mais a repressão. Carlos Marighella, o principal líder da Ação Libertadora Nacional, uma das organizações revolucionárias por trás do sequestro do embaixador, seria morto pela polícia paulista em 4 de novembro de 1969 numa emboscada em plena alameda Casa Branca, nos Jardins, em São Paulo. Outros tantos seriam mortos, torturados ou acabariam pelo menos tendo que se exilar. Seriam os chamados "anos de chumbo".

Mesmo em apuros, esses grupos de esquerda seguiram praticando ações violentas contra a ditadura, inclusive o sequestro do cônsul japonês e dos embaixadores alemão e suíço, que foram libertados sempre em troca de presos políticos. No último episódio, foram soltos nada menos do que setenta presos — ou seja, dava para ter pedido mais no caso do embaixador americano.

Em 1966, alguém, não se sabe direito quem até hoje, já havia explodido uma bomba no aeroporto do Recife. O alvo era o presidente Costa e Silva, que passaria por ali, mas acabaram matando mesmo um jornalista e um outro militar, porque o negócio explodiu antes da hora.

Diferentes organizações revolucionárias realizaram ainda diversos roubos a banco. Houve também uma ação guerrilheira em plena região amazônica, a chamada Guerrilha do Araguaia.

O Partido Comunista achava que a revolução deveria começar pelo campo, porque comunista não pode ver camponês que fica louco, é que nem a Suzana Vieira na porta do cursinho. Havia lá na fronteira do Maranhão com o Pará uma massa de miseráveis. Bom, "havia" é gentileza, mas a coisa era ainda pior do que hoje. A partir de 1967, o partido mandou para lá cerca de setenta estudantes de classe média com uma missão: ajudar a rebelar as massas. Vários tinham feito treinamento militar em Cuba.

Não é que os meninos estivessem tendo muito sucesso em transformar aqueles camponeses famintos e analfabetos em pequenos Che Guevara, mas em 1972 o governo resolveu acabar com a brincadeira e mandou para o Araguaia centenas de homens, a maioria recrutas de 18 anos que estavam fazendo serviço militar obrigatório, imagina o cagaço dos moleques.

Os militares tinham duas estratégias para encontrar os guerrilheiros, que fugiam para o meio do mato. Uma era oferecer recompensas para os camponeses locais que os entregassem. Outra era ameaçar essa mesma população local. Um barqueiro que transportava os comunistas foi preso e morto. Um outro cara foi preso só porque tinha cabelo comprido — afinal, convenhamos, quem tem cabelo comprido só pode estar mancomunado com os comunistas. (Onde estavam esses militares quando o Wesley Safadão apareceu com aquele coque, hein?)

Não estava adiantando, porém. Os meninos não tinham muita ideia do que estavam fazendo. Era gente que até outro dia estava em casa assistindo a *Chiquititas* e agora tinha sido mandada pro mato para caçar comunista armado. Deu errado, óbvio.

Levaria mais dois anos para o Exército conseguir reprimir a guerrilha, agora usando a inteligência e infiltrando militares nas comunidades locais, de modo a mapear os revolucionários. Em 1973 e 1974, também torturando moradores que supostamente colaboravam com os comunistas e empregando uma força militar absolutamente desproporcional, mataram quase todos.

Chama a atenção a quantidade de meninas entre as vítimas — várias delas tinham ido até o Araguaia acompanhando namorados, noivos ou maridos.

Jana, 25 anos, que cursava biologia na Federal do Rio.

Dina, 29, formada em geologia pela Federal da Bahia.

Maria Lúcia, 22, professora de educação infantil, que foi para o Araguaia com o pai e dois irmãos, que também morreram.

Luiza, 33, formada em enfermagem pela USP.

Suely, 26, letras também na USP, filha de um casal de imigrantes japoneses.

Quase todos os corpos nunca foram encontrados, para o desespero das famílias.

É possível discordar o quanto quisermos do propósito de estabelecer uma ditadura comunista no Brasil. É possível argumentar que no próprio Araguaia muitos moradores locais foram mortos pelos revolucionários quando havia suspeita de que estivessem colaborando com os militares. Os revolucionários, aliás, matavam até uns aos outros se houvesse suspeita de traição.

Mas nada justifica que o Estado tenha feito isso com essas garotas (e garotos), ao arrepio da lei e de qualquer tipo de controle judiciário. Dizer que a ditadura brasileira matou bem menos do que a argentina ou a chilena é mais ou menos que nem defender um marido agressor dizendo que o vizinho bate mais forte.

Alas do próprio Exército comentaram o exagero das ações. Veja esta frase do general Adyr Fiúza de Castro em 1993: "Foi como matar a mosca, pulverizar a mosca, esmigalhar a mosca, quando, às vezes, apenas um abano já espantaria a mosca." Vamos combinar que chamar de mosca não é a analogia mais simpática às vítimas, mas pelo menos ele admitiu que não precisavam ter ido tão longe, e, de qualquer forma, você não esperava toda essa sensibilidade metafórica no discurso de um sujeito chamado general Adyr, esperava?

Ao fim da ditadura, o Estado brasileiro havia matado, contando os desaparecidos, cerca de quatrocentas pessoas. Nos chamados "porões da ditadura", muitos outros foram torturados, das formas mais escrotas e cruéis que nem vale a pena contar aqui. A esquerda também matou — os militares falam em 126 vítimas, mas essa conta é mais controversa.

O presidente Geisel diria que "esse troço de matar é uma barbaridade, mas eu acho que tem que ser". Essa é uma frase incrível, porque ela serve para justificar qualquer coisa injustificável. "Esse troço de usar crocs é uma barbaridade, mas acho que tem que ser." Enfim.

Valeu a pena a luta armada? Bom, veja as opiniões das próprias pessoas que estavam dentro daquele avião para o México.

"A luta armada foi um desastre. Não deu certo praticamente nada. Nós negamos a luta institucional, as eleições, o processo político", disse José Dirceu em 2006.

Rolando Frati foi adiante: "Tiro não é difícil de dar. Difícil é fazer o trabalho político. Nós dizíamos 'agora você é guerrilheiro, companheiro'. Nada dessa bobeira de fazer política porque isso é reformismo. O negócio agora é no pau. Tá bom. O pau veio em cima de nós e nos destruiu por completo."

Flávio Tavares, aquele que era jornalista, discorda um pouco: "Nós não fomos para debaixo da cama. O setor político foi todo para debaixo da cama. O setor empresarial, o setor sindical. O gesto da luta armada, ainda que equivocado e errado, foi um gesto generoso." Em outras palavras, esses caras botaram a própria vida na reta quando todo mundo se escondeu e se curvou aos militares.

Já Daniel Aarão Reis, que participou do sequestro e depois virou professor de história na Federal do Rio, rebate nestes termos: "Eu não compartilho da lenda de que fomos o braço armado de uma resistência democrática. O projeto das organizações de esquerda que defendiam a luta armada era ditatorial. Pretendia-se implantar uma ditadura revolucionária."

Pérsio Arida, que não teve nada a ver com o sequestro mas que foi preso e torturado aos 18 anos por ser membro de uma organização armada de esquerda, embora não tivesse participado de nenhuma ação, aponta um outro aspecto interessante: "Havia o charme das conquistas amorosas [...] A militância era minha salvação. Se desistisse, teria que aguentar o vexame apenas para recair na mesmice modorrenta da vida de um estudante que morava com os pais."

Ou seja, houve gente que quase morreu nas mãos do Exército porque, entre outros motivos, achava que não abraçar a revolução ia pegar mal com as meninas... Décadas depois, Pérsio viraria um riquíssimo banqueiro, para você ver como sempre há outros métodos.

No campo econômico, a ditadura trouxe uma coisa espetacular e uma lamentável.

O lado espetacular foram os anos de crescimento, o chamado "milagre econômico", que deu sustentação popular ao regime justamente na sua fase mais repressiva. A produção nacional dobrou de tamanho em sete anos. A indústria cresceu muito nas cidades.

Isso fez com que, no fim dos anos 1960, pela primeira vez, a população urbana do país ultrapassasse a rural. Para você ter uma ideia do tamanho disso, em 1960 a cidade de São Paulo tinha 3,8 milhões de habitantes. Em 1980, apenas vinte anos depois, já eram 8,6 milhões — o que teria o efeito colateral de criar aquela periferia imensa e desordenada, onde é preciso ficar muito atento tanto para não ser assaltado quanto para não acabar comendo desavisadamente um cachorro quente recheado com purê de batata.

Os militares fizeram obras imensas como a hidrelétrica de Itaipu e a ponte Rio–Niterói. A classe média comprava carro, geladeira e TV. Em 1970, ganharíamos a Copa do Mundo pela terceira vez, e pela primeira vez a maior parte dos brasileiros veria os jogos pela televisão.

De modo a demonstrar como isso de direita e esquerda não é assim tão simples, a política econômica dos militares foi altamente intervencionista, uma coisa quase soviética. Foram criadas nada menos do que 274 estatais, que na época anabolizaram a economia, mas que depois se tornaram antros de corrupção e improdutividade.

Assim como JK, os militares fizeram um grande projeto desenvolvimentista à custa das finanças do país, e nos anos 1980 a conta chegou. O anabolizante de hoje é a broxada de amanhã.

A dívida externa se tornou impagável. A inflação chegou a níveis nunca antes vistos. Para ajudar, a economia mundial entrou em crise. Os juros internacionais subiram. O Brasil ficou sem recursos e teve, mais de uma vez, que implorar ajuda para o Fundo Monetário Internacional.

Foi mais ou menos como uma família que enriquece meio de repente. Deslumbrados, fizemos todas aquelas coisas de novo-rico: compramos quadro do Romero Britto, viajamos para a Disney, íamos comer no Paris 6, fizemos obras meio exageradas em casa, como aquela Jacuzzi que depois quase não foi usada. Compramos móveis planejados, porque ex-pobre adora um móvel planejado. Gastamos como se não houvesse amanhã.

O problema é que, embora a nossa renda tivesse aumentado um pouco, também não tinha aumentado tanto assim, e no fundo a gente continuava sendo aquela mesma família meio analfabeta, de modo que boa parte da farra era feita com dinheiro emprestado. Uma hora a gente quebrou.

No fim do dia, o que dá legitimidade para qualquer governo é o bem-estar econômico. Quando os militares perderam isso, não tinham mais condições de ficar no poder.

A ditadura não impediu que eleições para a Câmara e o Senado fossem realizadas de quatro em quatro anos, sem interrupção.

É fato que de quando em quando os militares fechavam o Congresso, ok, que também ninguém é de ferro. Além disso, aquelas cassações todas tornavam a disputa entre a Arena (Aliança Renovadora Nacional, partido que sustentava a ditadura) e o MDB (Movimento Democrático Brasileiro, que congregava a oposição) meio assimétrica. Mesmo assim, conforme a situação do país piorava, o MDB ganhava cada vez mais votos.

Em 1979, assumiria a presidência o último dos presidentes militares, que logo na posse prometeu fazer do Brasil novamente uma democracia.

O general João Batista Figueiredo foi um dos maiores faladores de merda que você vai encontrar na história do mundo. Veja agora algumas pílulas de sabedoria do filósofo.

Reafirmando seu apreço por regimes de governo não autoritários: "Eu vou fazer deste país uma democracia. Quem for contra a abertura, eu prendo e arrebento."

Mostrando seus conhecimentos de economia regional, sobre a tradicional atividade pastoril gaúcha: "Durante muito tempo o gaúcho foi gigolô de vaca."

Para um menino de 7 anos que perguntou o que ele faria se, como o pai, ganhasse um salário mínimo: "Eu me dava um tiro na cabeça."

Sobre seu estilo refinado: "Me envaideço de ser grosso."

Sobre o legado que gostaria de deixar à nação ao fim da sua presidência: "Quero que me esqueçam."

Sobre suas reflexões em frente ao espelho do quarto: "Pelado e de tênis, pareço o Sonic."

Ok, esta última não, mas todas as outras são verdade.

Uma ótima história do delicado e diplomático Figueiredo ocorreu quando ele foi convidado a participar da inauguração da primeira fábrica de leite de soja do Brasil.

Ninguém nunca tinha tomado aquilo, e, obviamente, quando você fala em "leite", a expectativa que se cria é que vai ser algo meio parecido com o leite com que estamos acostumados. Chegando lá, alguém teve a ideia de servir um copo para o presidente experimentar. Ele colocou na boca, fez uma cara muito feia, cuspiu (!) e reagiu: "É horrível! Quem é que vai beber isso?" Ah, Figs, melhor presidente. (Felizmente para ele, Figueiredo morreu sem beber AdeS, o único com toques de soda cáustica.)

Foi esse ser chucro, por incrível que pareça, quem comandou a abertura do regime militar. Ainda em 1979, ele assinaria a Lei da Anistia, um perdão geral, tanto para guerrilheiros e políticos cassados (que agora poderiam voltar ao país e se candidatar) quanto para torturadores.

O Brasil ia se libertando da censura e do moralismo. Para uma nação que até outro dia via problema até na bunda do Cebolinha, veja o episódio importantíssimo na história deste país que ficou conhecido como "caso Fecha na Prochaska".

Corria o ano do nosso senhor Jesus Cristo de 1984 e a TV Bandeirantes transmitia ao vivo um baile de carnaval no Rio de Janeiro, apresentado pela jornalista Cristina Prochaska.

O baile estava uma loucura. Em certo momento, enquanto Cristina Prochaska falava, aparece uma bêbada dançando atrás da jornalista, sobe numa mesa, tira a roupa e mostra a vagina.

Assustadíssimo com as consequências que aquilo poderia ter com a censura militar, que poderia achar ali um pretexto para perseguir a emissora, o diretor Eduardo Lafond começa a gritar para o cinegrafista: "Fecha na Prochaska, fecha na Prochaska", querendo que ele desse zoom na jornalista, tirando a dançarina do enquadramento.

O câmera, provavelmente já após algumas cervejinhas, e que não conhecia a repórter, entendeu o "fecha na Prochaska" de modo completamente equivocado e começou a dar zoom nas partes íntimas da dançarina. Quanto mais ele fechava o close lá, mais o diretor gritava: "Na Prochaska, é para fechar na Prochaska!"

Após longos segundos de perplexidade e genitália escancarada ao vivo na TV aberta brasileira, conforme o diretor continuava a berrar a sua ordem, o subordinado reage: "Pô, mais que isso só se eu colocar a câmera lá dentro."

O que aconteceu com a Band? Nada. Imagina uma transmissão dessas em 1970. O país havia mudado. A única consequência foi que o pai da Prochaska, o senhor Prochaska, ficou chateado. "Ele é um homem sério e o sobrenome dele virou gíria para vagina", disse ela anos depois.

Obviamente isso não está no livro do Boris Fausto, mas juro que estou contando não pela piada — bom, um pouco, vai —, e sim porque é realmente representativo da transformação que a nossa sociedade vivenciava naquele período. (Olha, escrevi com tanta pompa e convicção agora que até eu quase me convenci.)

O mandato de Figueiredo era de seis anos, até 1985. O general e os demais militares queriam ir devagar: tudo bem que a gente devolvesse o poder aos civis, mas que a primeira eleição após a ditadura militar fosse indireta, no Congresso, pelos deputados e senadores, que eram mais controláveis do que as massas — vai saber que louco o povão poderia escolher, pensavam os militares. Vai que um sujeito desses que cospe leite de soja acaba sendo eleito...

A partir de 1983, começou um movimento conhecido como "Diretas Já", que pedia... bom, eleições diretas já. Em 25 de janeiro de 1984, um ato na praça da Sé, em São Paulo, reuniu 300 mil pessoas.

Em 25 de abril de 1984, foi votada no Congresso a chamada emenda Dante de Oliveira, em homenagem ao deputado do MDB que a havia proposto, que estabelecia as eleições diretas no país. Foram 298 votos a favor, contra 320 que seriam necessários. Com a emenda derrotada, os brasileiros só votariam para presidente em 1989.

Foi uma frustração nacional. Tirando o Zezinho de Camargo cantando aquela musiquinha no filme *Dois filhos de Francisco* — "no dia em que eu saí de caaasa..." —, nada na história mexeu mais com o coração dos brasileiros de bem. (Para quem gosta de filme de estrada com criança cantando, é o nosso *Pequena Miss Sunshine*, versão Goiás.)

Bom, perdemos as eleições diretas.

Em 15 de janeiro de 1985, porém, um opositor do regime militar, Tancredo Neves, seria eleito indiretamente presidente. Para conseguir apoio, ele tinha como vice José Sarney, que era até outro dia aliado da ditadura, mas que se converteu em democrata assim que percebeu que aquilo ia desmoronar, assim como fizeram vários outros.

Tancredo venceria Paulo Maluf, imagine você onde quase paramos.

O problema é que Tancredo já tinha 75 anos. No esforço de campanha, o velho estava se contorcendo de dores abdominais, mas não quis parar — tinha medo de ser internado pelos médicos e acabar perdendo.

Nas vésperas da posse, foi internado às pressas em Brasília, para extrair um tumor benigno do intestino. Acabou vítima de uma infecção generalizada.

O vice Sarney tomou posse em seu lugar, esperando Tancredo melhorar. Figueiredo não quis passar a faixa para Sarney, mero substituto, e saiu pelos fundos do palácio. O fotógrafo oficial do governo foi quem acabou entregando a faixa, porque afinal ele tinha que fazer a foto... Para você ver a boa vontade dos militares com o "traidor" Sarney.

Tancredo ficou internado por 39 dias. Passou por sete cirurgias. Quando o seu assessor de imprensa, Antonio Britto, anunciou sua morte, vários dos jornalistas que estavam no hospital choraram. Tudo parecia dar errado. O primeiro presidente civil em décadas seria um político que até ontem era aliado dos militares. Porra, que saga deprimente. Era melhor a gente ter ficado lá no baile da Prochaska que estava mais animado.

PODERIA TER DADO CERTO

José Sarney era proprietário e imperador do Maranhão, estado pelo qual tinha sido senador. Não era exatamente o cara que queríamos para ter começado a chamada Nova República, que vai de 1985 até os dias atuais, mas era o que tinha. Como os fatos da Nova República não são assim tão históricos, prepare-se, pois este é o último capítulo e o fim está próximo.

Sarney tinha mania de escrever livros. O mais famoso, *Marimbondos de fogo*, foi definido por Millôr Fernandes como "um livro que quando você larga não consegue mais pegar". Um site classificou a obra como "um dos cem livros para morrer antes de ler".

Ele assumiria o país em meio ao caos inflacionário. O coitado do maranhense, diga-se em sua defesa, até tentou. Vários planos para controlar a subida dos preços foram inventados. Mas nada deu certo.

A inflação no Brasil chegou a superar 80% ao mês. Ao mês! As pessoas recebiam o salário e corriam para o supermercado para fazer compras enormes, porque se esperassem um pouco o dinheiro já não valeria mais nada. Tinha família com estoque de não perecíveis para meses. Era como se a gente estivesse esperando o armagedom.

Também durante o governo Sarney, seria aprovada a Constituição de 1988, um documento democrático, mas muito prolixo, que tem um parágrafo para dizer até, não estou inventando, que "o Colégio Pedro II, localizado na cidade do Rio de Janeiro, será mantido na órbita federal".

Em 1989, haveria finalmente a primeira eleição direta para presidente desde 1960. Nada menos do que 22 infelizes foram candidatos. Até o Silvio Santos tentou se candidatar (imagina a restituição do Imposto de Renda sendo paga com aviõezinhos de dinheiro), mas acabou desistindo.

Um monte de gente não teve quase nada de votos. O Fernando Gabeira, por exemplo, aquele do sequestro do embaixador americano, foi escolhido por impressionantes 0,18% dos eleitores. Ele tinha uma agenda liberal, era o único defensor da legalização da maconha, mas parece que seus eleitores se esqueceram de aparecer no dia da votação. Fez uma campanha sem recursos, sem condições de se deslocar pelo Brasil — "na verdade, às vezes não tinha dinheiro nem para o táxi", contaria. Altas viagens, portanto, só metaforicamente...

Os candidatos mais competitivos eram:

1) Luiz Inácio Lula da Silva, ex-metalúrgico e sindicalista — bom, o Lula do PT, você sabe;
2) Fernando Collor de Melo, um desconhecido governador de Alagoas;
3) Leonel Brizola, ex-governador do Rio Grande do Sul, aquele mesmo lá do rolo de 1964;
4) Mário Covas, senador por São Paulo, fundador do PSDB;
5) Paulo Maluf, ex-governador de São Paulo, o homem que está para a corrupção assim como Galileu para a astronomia — não foi ele quem inventou, mas que atuação destacada!

Em uma briga num debate, Maluf chamou Brizola de "desequilibrado", e este reagiu dizendo que o paulista era "filhote da ditadura". No fundo, os dois estavam um pouco certos. O eleitor percebeu isso e eles acabaram ficando de fora do segundo turno. Mário Covas, coitado, era visto como de direita pela esquerda e como de esquerda pela direita e também não decolou.

No final, a disputa foi entre Lula e Collor. A possível vitória de Lula, então um candidato de extrema esquerda, horrorizou o empresariado. O presidente da Fiesp falou que 800 mil empresários abandonariam o Brasil. Uma edição compacta do debate entre os candidatos foi apresentada no *Jornal Nacional* e foi muito criticada, porque teria beneficiado Collor — desde então, a TV Globo não apresenta mais versões editadas de debates, pois "sempre haverá a possibilidade de um dos candidatos questionar a escolha dos trechos", segundo a própria emissora.

No segundo turno, a campanha de Collor colocou no ar, no horário eleitoral, um depoimento de uma ex-namorada de Lula dizendo que ele a tinha abandonado quando descobriu que ela estava grávida. Disse ainda que Lula tinha insistido para que ela abortasse — o que ela não fez. Lula perdeu.

Collor era um playboyzinho alagoano, na época com 40 anos, cujo pai já era político. Em 1963, o velho era senador, andava armado no Congresso e, num belo dia de verão, discutiu com um outro senador alagoano de quem era desafeto. O gênio do gatilho, porém, acertou o cara errado e matou foi um coitado de um senador acreano, um cara que era um mero suplente até outro dia. Ninguém se comoveu com o desconhecido parlamentar do Norte, e o assassino não teve qualquer punição — não foi nem cassado.

Infelizmente os senadores perderam esse hábito salutar de se matar em plenário. Quão animado seria para a nação que, suponhamos, Marta e Eduardo Suplicy se altercassem e trocassem tiros em pleno Senado? Por causa da guarda do Supla?! Pois é, bons tempos que não voltam mais. De modo que lanço aqui uma campanha para o armamento geral, irrestrito e obrigatório dos congressistas, de preferência com uma cachacinha sempre à disposição para dar aquela forcinha na valentia.

O pai pistoleiro de Collor era possuidor de Alagoas — o avô era senhor de engenho, o bisavô era, veja só, ele mesmo, o próprio Satanás. Além de terras, papai era dono de TV (uma retransmissora da Globo), rádio e jornal. A família mandava até no time de futebol local, o CSA, do qual o menino Collor foi presidente em 1982 e onde deu o primeiro emprego de técnico para Luiz Felipe Scolari, o Felipão, que 32 anos depois nos brindaria com o 7 × 1.

Apesar dos pesares, Felipão foi na época campeão alagoano. A competição, acirradíssima, espécie de Eurocopa dos trópicos monocultores, conta com renomados times como o CSE, de Palmeira dos Índios, e o Santa Rita, de Boca da Mata — pelos nomes das cidades, a arbitragem deve escrever a súmula do jogo em tupi... Grande trio ofensivo: Ubirajarinha, Caramuru Júnior e Raoni Pernambucano.

Às vezes parece que, depois de contratar o Felipão, não há nada de pior que você possa fazer na vida, mas ao assumir a presidência Collor provou que sempre dá para piorar um pouco.

A pior coisa que Collor fez foi confiscar temporariamente as cadernetas de poupança dos brasileiros, em 1990, para o desespero geral. Ele supunha que diminuir a quantidade de dinheiro circulando na economia enfraqueceria o consumo e acabaria com a inflação. Não deu certo.

A promessa do Collor era uma grande ação contra a inflação: ele dizia que ia "acabar com a inflação com um só tiro". Quando ele falou isso, dado o histórico familiar, metade do Acre se jogou embaixo da mesa — ou talvez atrás da árvore... O estado não ficava tão apavorado desde que a Marina Silva ameaçou soltar o cabelo, mas felizmente tudo se esclareceu e os acreanos puderam voltar ao sossego.

A coisa ficou ruim para Collor quando seu próprio irmão denunciou um esquema de corrupção dentro do governo, comandado por um amigo e tesoureiro da campanha de Collor, o PC Farias, que cobrava propina de empresas em troca de favores governamentais.

O irmão se chamava Pedro Collor e deu uma entrevista para a revista *Veja*. Disse que 70% do dinheiro que PC Farias arranjava ficava com o presidente — os outros 30% eram para o próprio PC. Que ele e o irmão tinham usado drogas na juventude. E, por fim, talvez o motivo da entrevista, que Fernando Collor insistia em assediar a sua mulher, o que muito lhe irritava. Pela raiva, é possível que ela tenha retribuído, mas isso ele não contou...

Antes da publicação, o presidente ficou sabendo da entrevista e mandou Jorge Bornhausen, político catarinense que o assessorava, ir falar com o diretor da revista para saber o que o irmão tinha dito. Bornhausen perguntou se havia "fatos graves" na entrevista.

— De que tipo, ministro? — perguntou o diretor de redação, Mario Sergio Conti, que mais tarde publicaria este diálogo no livro *Notícias do Planalto*.

— Por exemplo, tem corrupção?
— Tem.
— Tem drogas? — prosseguiu Bornhausen.
— Tem.
— Tem sedução?
— Tem.
— Tem rabo?
— Como, ministro?
— É, tem rabo, homossexualismo?
— Não, não tem.

Bornhausen encerrou a conversa em seguida e se deu por satisfeito — está lá no livro, pode procurar. Para você ver que tipo de coisa deve ter acontecido que a gente ficou sem saber!

Mesmo sem o elemento rabo, passeatas tomaram o país. Eram os "caras pintadas", porque a molecada pintava o rosto de verde e amarelo. Tinham slogans sofisticadíssimos, como "ai, ai, ai, ai, se empurrar o Collor cai", provavelmente a pior rima já feita em língua portuguesa até que Sandy cantou que "o que é imortal não morre no final". (Embora, em defesa de Sandy, a tão festejada "Aquarela do Brasil", com seu profundo verso "esse coqueiro que dá coco", também seja forte concorrente ao Prêmio Nando Reis de Lógica Poética.)

No final de 1992, Collor sofreria impeachment. Em 1996, PC Farias seria assassinado em condições nunca esclarecidas.

Atenção: você acaba de chegar, por incrível que pareça, ao último assassinato do livro! Aleluia! Foram, ao todo, 328 — ok, não contamos, mas morreu uma porrada de gente. Não teve o rabo do Collor, tudo bem, mas você não pode dizer que a coisa não foi animada, vai.

O presidente seria substituído por seu vice, Itamar Franco, de Minas Gerais. A única coisa que você precisa saber sobre Itamar é que ele era gente como a gente.

Em primeiro lugar, porque gostava de Fusca e usou a sua influência presidencial para, em 1993, forçar a Volkswagen a voltar a produzir o veículo, que já não era fabricado desde 1986 — em 1996, a empresa pararia de vez.

Em segundo lugar, porque viveu um grande amor de carnaval (quem nunca?). Ele era divorciado e estava curtindo o feriado no Rio de Janeiro (quem nunca?). Foi até um camarote na Sapucaí. Conheceu então uma moça que estava de minissaia e sem calcinha (quem nunca?), conforme amplamente registrado para a posteridade por fotógrafos posicionados mais abaixo. Optou pela técnica "vou me fazer de fofo" de ficar de mãos dadas com a moça (quem nunca?), bebeu um pouquinho (quem nunca?) e disse a ela que estava apaixonado (quem nunca?).

A moça era uma modelo chamada Lílian Ramos, de 27 anos — o presidente tinha 63. No dia 15 de fevereiro de 1994, a manchete da *Folha* era esta: "Itamar se deslumbra com modelo no Rio."

O jornal contava que eles tinham ficado juntos até as 4 horas da manhã e que, apenas 45 minutos após se despedirem, ele ligou para ela (quem nunca?). "As mãos do presidente ora tocavam o rosto, ora desciam às costas, ora deixavam-se repousar sobre as pernas da modelo", dizia a reportagem, tempos gloriosos do jornalismo que não voltam mais.

Ao jornal, ela dizia que ele era "bonitinho pessoalmente, charmoso, atraente". Dizia ver com simpatia a ideia de ser primeira-dama. "Gosto de homens mais velhos, é interessante."

Itamar ficou tão feliz com a noite que nem se importou de ter sido vaiado com gritos de "abaixo a inflação". Questionado por jornalistas, disse apenas "eu gritaria também".

Ele convidou a garota para "conhecer" Brasília. Quando ela disse que já conhecia, ele respondeu: "Mas a Brasília que eu vou te apresentar você não conhece." Xavequeiro.

De relevante, o que Itamar fez foi o engenhoso Plano Real, capitaneado por Fernando Henrique Cardoso, então ministro da Fazenda, que finalmente acabou com a hiperinflação no Brasil. De 1964, quando os militares assumiram, até 1994, a inflação acumulada no Brasil foi de inacreditáveis 1.302.442.989.947.180%.

Assim como Figueiredo, que assumiu o comando da nação mais para evitar que um general linha-dura o fizesse do que por interesse real no cargo, Itamar acabou na presidência meio por acaso. Gostamos de gente que acaba presidente sem ter se esforçado para isso! O apreço pelo poder é uma coisa meio canalha. Para Itamar, bom mesmo era andar por aí bebendo uns gorós e conhecendo umas moças sem calcinha.

Depois de Itamar, e já caminhando para a atualidade, foi bonita a inclusão que rolou na presidência.

Tivemos o primeiro presidente acadêmico, o próprio Fernando Henrique, o primeiro operário, Lula, a primeira mulher, Dilma Rousseff, e o primeiro satanista, Michel Temer.

Michel Temer era também poeta, escrevendo coisas como:

> Era uma casa muito engraçada
> Não tinha teto, não tinha nada
> A melhor parte, logo verás
> Atrás do armário, o Satanás

Mentira, ele nunca escreveu isso (nem que "uma mulher me despertou a paixão/ deitamos juntos/ no meu caixão"), isso é intriga da oposição. Havia até uma página na internet só de rimas satânicas atribuídas a Temer, embora estas acima sejam originais, pois é, obrigado, tenho este talento.

Ninguém sabe de onde surgiu esse papo de que ele era satanista, mas muito se fez piada sobre isso — olhando bem para a cara dele, convenhamos, pode até não ser, mas com certeza tem o alvará. Na verdade, ele escreveu poemas como este, chamado "Pensamento":

> Um homem sem causa,
> nada causa.

Ou este outro, belíssimo e tocante, chamado apenas "Trajetória":

> Se eu pudesse,
> não continuaria.

Cá entre nós, era melhor que tivesse feito os versinhos satanistas...

Em resumo, os anos FHC e Lula trouxeram avanços para o país. O tucano estabilizou e modernizou a economia nacional e o petista promoveu importantes programas de inclusão social, mantendo a responsabilidade na economia. Ambos, porém, se aliaram ao que havia de mais podre na política nacional, e quem dorme com cachorro um dia inevitavelmente acorda com pulga, como diriam Aristóteles ou Kleber Bambam, a checar exatamente.

Houve diversos escândalos, todos com nomes maravilhosos, da privataria tucana ao mensalão petista, embora o meu favorito seja aquele que ficou conhecido como o Escândalo dos Aloprados, de 2006, em que alguns petistas ("uns aloprados", segundo o então presidente Lula) tentaram comprar um dossiê falso que acusava o tucano José Serra de corrupção.

Apesar disso, foram anos de otimismo. Colocamos novamente tudo a perder em seguida, e os anos Dilma e Temer seriam de gravíssima retração na economia e empobrecimento, com o Estado brasileiro à beira da falência, aumento da violência urbana, desilusão e certa preguicinha de viver.

A Operação Lava Jato levaria para a cadeia uma série de empresários e políticos, inclusive o ex-presidente Lula, mas no momento em que este texto é finalizado isso ainda é assunto para os jornais, cedo demais para ser contado à luz da história.

Isso porque história é distanciamento, algo impossível de ser feito no calor dos fatos. O relato desse período mais recente, portanto, ficará para os futuros pesquisadores, gente que hoje talvez ainda esteja nas fraldas. Lá por 2045, aí sim, a nova geração de historiadores liderada por Enzo Fausto, Enzo Murilo de Carvalho e Enzo de Alencastro construirá essa análise.

O ponto que nos interessa aqui é que, ao longo de toda a sua trajetória, o Brasil fracassou em manter um ritmo consistente de desenvolvimento. Evoluímos de soluço em soluço, com cada vitória sendo devidamente atropelada por uma derrota posterior.

Uma pena, porque só faltaram três coisas para sermos um país justo, rico e bem-sucedido: justiça, riqueza e sucesso.

Onde foi que erramos? Muitos economistas apontam que, no longo prazo, o jogo do desenvolvimento é apenas o jogo da educação básica — dificilmente haverá um país pobre com uma população altamente qualificada. Nós fracassamos nesse ponto. Uma pequena fatia da população consegue ler textos complexos, por exemplo. Há estudos que sugerem que só 8% dos brasileiros! Não surpreende que tão pouca gente leia no país.

Quando um político chamado José Aparecido de Oliveira foi inesperadamente nomeado ministro da Cultura no governo Sarney, um amigo brincou: "Zé, você precisa ler um livro." Ele: "Qual?" O amigo: "Qualquer um." O conselho serve para quase a totalidade da nossa população...

O Brasil poderia ter dado certo. Aqui é muito legal. Temos sol, somos cheios de abraços, chamegos e contato físico, temos Carnaval. Somos informais. Você consegue imaginar um dinamarquês chegando na sala do sogro e dizendo "ô, meu chegado, tu não me traria uma cerva gelada?" ou algo do tipo? Pois é, agora imagine um carioca. Exato.

Até a *Folha de S.Paulo* abordou essa importante questão de personalidade nacional, em fevereiro de 2018. Um editorial sobre blocos de carnaval nas ruas de São Paulo apontava que temos uma "população descontraída, dionisíaca, fusional".

Convenhamos que "dionisíaca e fusional" é semântica de dar ereção no velho Aurélio, mas o que a *Folha* quis dizer, suponho, é que nós somos um povo agradável, meio sem freio que fica bêbado em festa de criança, faz coxinha com recheio de churros e vai no cartório irrefletidamente para botar o nome do filho de Maicon.

Sobre festa de criança, devo dizer, um francês que morou no Brasil escreveu há uns anos um texto famosinho em que ele se dizia incomodado com as que fazemos aqui, porque elas parecem "a coroação de um imperador romano" e "tem mais cerveja que suco de laranja". Em nome da nação, mando nossa mensagem diplomática ao colega europeu: vai à merda.

Isso sem falar no idioma. Que coisa maravilhosa a maneira como o brasileiro usa a língua portuguesa.

Para começar, a gente é bom demais no neologismo. Circulou um tempo atrás, por exemplo, a gravação de um radialista do interior do país que, ao anunciar a previsão do tempo, se empolgou na meteorologia e disse que "o tempo vai piorar bastante, vai cair uma baita de uma rola d'água". (Vai ter gente saindo na rua e erguendo os braços aos céus.) Somos um povo que fala trololó, peripécia, pachorra, vira-lata, maciota e mequetrefe. Por fim, nosso português é a única língua em que Elis cantou "Como nossos pais" (e a única em que Kelly Key cantou "Baba, baby", ok...)

E não esqueçamos daquilo que mais nos orgulha em termos de inovação tecnológica: temos box de vidro blindex no banheiro e não aquela merda de cortininha ridícula de gringo que gruda na bunda do vivente ensaboado, algo que deveria pesar a nosso favor no cálculo do IDH.

A grande pena é que não tenhamos conseguido conciliar essa bagunça boa, cheia de chamegos, batuques, informalidades, coxinhas de churros, rolas d'água e excelência em vidraçaria sanitária com algum grau mínimo de civilidade institucional e desenvolvimento econômico. Paciência.

Era o que tínhamos.

Valeu, hein. Se cuida. A gente se fala. Vamos marcar.

Fim.

(Sobem os créditos. Entra a trilha de "Como nossos pais". Em remix com "Baba, baby". Acabou.)

Agradecimentos

As únicas certezas que eu tinha na infância e na adolescência eram que minha mãe em algum momento reclamaria da conta de luz e que o carro do meu pai inevitavelmente quebraria. Ser pobre é uma experiência muito repetitiva. Paris surpreende bem mais do que as salsichas Aurora.

Desse modo, tive a extraordinária sorte de ter sido filho de duas pessoas que, apesar de nunca terem ido à faculdade e mesmo nunca tendo sido leitores assíduos, decidiram que em casa podia faltar dinheiro para tudo (que o digam as havaianas eternamente remendadas com clipes...), mas não para os livros que eu quisesse comprar.

Exauri boa parte dos parcos recursos familiares em um sebo que não ficava muito longe de casa.

Ainda tenho meu exemplar muito amarelado de *O analista de Bagé*, maravilha de Luis Fernando Verissimo que comprei ali pelos 12 anos, provavelmente meu primeiro livro de humor, que contava os causos de um psicanalista machão e impaciente da fronteira gaúcha. "Vai te meter na zona e deixa a velha em paz", dizia ao se deparar com o complexo de Édipo.

Meus pais, Luiz e Maria, nunca acreditaram que pobreza fosse destino manifesto. Acreditavam mais no poder da leitura de criar futuro do que um monte de ricos vazios que vim a conhecer depois. Sou muito grato por isso.

* * *

De diferentes formas e em diferentes momentos, este livro deve muito ao incentivo e às considerações de várias pessoas.

Tatiane, muito, muito obrigado por tudo. Bruno, Mateus, Renata, Carol, Felisberto, Gabriel, Ana Estela, professor João Murilo, Maite, obrigado.

Muito obrigado à editora Record, a Carlos Andreazza, Duda Costa, Thaís Lima, Diogo Henriques e todo o time. Agradeço também à *Folha de S.Paulo*, onde aprendi como o leitor deve sempre ser colocado em primeiro lugar, e à FSB Comunicação.

Devo ainda um agradecimento ao Centro de Pesquisa e Documentação de História Contemporânea do Brasil da Fundação Getúlio Vargas, fonte espetacular de informações.

Além da FGV, este livro só foi possível graças a duas importantes instituições acadêmico-científicas: a iluminada Biblioteca Pública de Nova York na Quinta Avenida, cujo conforto para pesquisar e escrever é imbatível, e ao Starbucks da rua Augusta Corporation, onde também escrevi muito e a quem agradeço especialmente pelo dia em que tocou Belchior e senti, sem razão clara, uma súbita e inexplicável alegria de viver.

Este livro foi composto na tipografia
Palatino LT Std em corpo 11/16, e impresso em
papel off-white no Sistema Cameron da
Divisão Gráfica da Distribuidora Record.